L'eglise Et Le Morcellement Amical, En R#ponse # M. R. W. Monsell...

John-Nelson Darby, Richard William Monsell

une pauvre ruse de l'Ennemi que celle de nous engager à cela,... afin de détourner notre énergie de ce qui est précieux à Dieu, et de ce qui fait valoir ses pensées contre l'œuvre de cet Ennemi[1].

Si l'œuvre attaquée n'est pas de Dieu, qu'elle tombe! Si elle est une œuvre de Dieu, une lumière de Dieu, ne nous arrêtons pas à nous justifier nous-mêmes; et, au lieu de cela, insistons, pour la bénédiction de toute l'Eglise, sur la vérité qui en est le fondement.

Si la marche de ceux qui ont professé cette vérité en a entravé le progrès, ne nous étonnons pas de ce que ceux qui combattent la vérité que nous professons, cherchent à se prévaloir de nos fautes. Le remède à cela, c'est de profiter de telles répréhensions, en s'humiliant devant Dieu de ce qui y a donné lieu; et nous devons de la reconnaissance à celui qui nous fait voir ce qui a pu empêcher le progrès de l'œuvre de Dieu qui nous est infiniment chère.

L'œuvre qui, depuis plusieurs années, attire l'attention des chrétiens est, je le crois, une œuvre de Dieu; et, de l'aveu même de ceux qui les combattent, il s'agit de vérités infiniment importantes à toute l'Eglise.

Je désire que ces vérités restent en saillie.

Par l'écrit de M. Monsell, l'ennemi cherche à en dé-

[1] Dans le canton de Neuchâtel, les frères n'ont pas besoin qu'on leur apprenne qui a voulu mettre des entraves à une œuvre d'évangélisation que Dieu a bénie malgré tout. Et je pense que les frères du canton de Vaud sauraient dire si les frères qui les ont visités, et qui ont travaillé au milieu d'eux, sont des « ennemis perfides » qui leur ont apporté du poison. S'ils les ont trouvés tels, j'aurais beau dire qu'ils ne le sont pas; et, en effet, ceux qui le pensent feraient bien de se séparer d'eux. Je les engage seulement, contrairement à ce que M. Monsell leur conseille, à le faire sans rien attendre.

tourner les pensées des chrétiens, et à nuire à l'énergie qui les maintient. Mon désir, en écrivant, est de les remettre à leur place.

En outre, l'écrit de M. Monsell est propre à remuer les esprits sur les questions d'une importance secondaire, qu'il envisage lui-même comme telles, et à les détourner, par là, de choses plus importantes, et de la recherche de cette connaissance de Christ qui nourrit l'âme. Lors même qu'on le voudrait, on ne peut, dans ce moment, se soustraire à ces questions, et il est utile qu'elles soient mises au clair, pour que les âmes soient libres de penser à des choses meilleures. Il faut actuellement s'occuper des Anciens, afin qu'il y ait cette tranquillité qui nous rend capables de nous occuper de Christ.

J'engage mes frères à chercher beaucoup la présence de Jésus, afin qu'ils soient en état de mettre les choses à leur place, et de leur attribuer leur juste valeur.

A la place de Christ sans Anciens, des Anciens sans Christ seraient un triste échange.

Jean a vu des Anciens dans le ciel, et ils étaient plus haut placés lorsque, quittant leurs trônes et leurs couronnes, ils se prosternaient devant le trône et devant l'Agneau, que lorsqu'ils étaient couronnés et à leur place.

Soyons avant tout des adorateurs, et tenons-nous collés à la vérité. Le Seigneur va venir bientôt.

Le but de M. Monsell, et il l'avoue[1], est évidemment

[1] Il a même donné le programme de son système, qui, pour le fond, est, à ce qu'il me semble, tout simplement l'ancien système dissident, en y conservant même les deux nuances de M. F. Olivier et de M. Rochat. Il bâtit, cependant, sur le système Olivier en n'admettant le système Rochat que d'une façon subor-

de composer un nouveau système d'Eglise, avec les débris de l'ancienne dissidence et avec les frères épars qui attendent « l'Eglise de l'avenir. » Il nous apprend que le système qu'il « trouve biblique » n'est établi nulle part[1].

Pour accréditer ce nouveau système, il faut déprécier ce qui existe déjà, ainsi que les frères qui travaillaient déjà dans le champ.

La tendance dissidente d'une partie de l'église libre est évidente. L'occasion était trop favorable pour la manquer. Il supportera dans ces frères toutes sortes de choses, pourvu qu'ils se joignent à son œuvre et à lui[2]. Il suggère à ses amis de la Suisse des règles de conduite pour gagner à eux, si possible, tous les troupeaux au milieu desquels ils pourraient se trouver, ou, si cela ne réussit pas, pour s'en séparer comme d'une lèpre rongeante[3]. Il cache, sous un voile bien transparent, qu'il s'agit des troupeaux des frères, lorsqu'il dit qu'il n'y a guère moyen d'atteindre son but dans les grandes assemblées, parce qu'il y a toujours là des frères instruits et décidés ; mais qu'il y a plus d'espoir de gagner les « petites églises des villages. » Les pages citées renferment un curieux appel aux frères, sur lesquels il compte produire quelque effet, à agir d'après les principes mêmes

donnée, à côté du premier, et en faisant sa cour à ce qu'il appelle la jeune et aimable dissidence de l'église libre, quoiqu'elle n'ait pas le veto de l'église, seule sauvegarde contre l'entrée des inconvertis, et quoique le clergé y soit. C'est égal. « Le morcellement amical » est même un moyen pleinement admis (p. 60 à 61) pour parvenir au but proposé. Le système proposé l'accepte, pourvu qu'on ne soit pas amical avec la « lèpre rongeante » des frères.

[1] Page 96 de l'écrit Monsell. — [2] Pages 125 et 126.

[3] Pages 131 et suivantes.

qu'il accuse d'autres chrétiens de mettre en pratique ; et il termine d'une manière assez singulière, en demandant qu'on envoie de l'argent, et en ajoutant ces paroles : « Cela servira de lien visible entre nous ; et quel meil- « leur lien pourrions-nous désirer [1] ? »

S'il ne s'agit que de cela, quelle nécessité, dira-t-on, d'attirer là-dessus l'attention des chrétiens ? Aucune, en effet ; et, si tout se bornait là, le silence aurait suffi. Mais, pour atteindre son but, M. Monsell traite plusieurs sujets, qui pourraient agiter le cœur des frères, et d'autres points très-importants quant à l'œuvre de Dieu ; et il est bon que les frères sachent en même temps quel est le but et le fond de tout cela. C'est donc des sujets mentionnés que je désire m'occuper.

Pour ma part, j'ai un sincère respect pour les anciens dissidents. Ce n'est pas à cause du système qu'ils ont sincèrement et consciencieusement suivi, et auquel je me suis opposé franchement et loyalement, en ce que, au lieu de membres de Christ, ils voulaient des membres d'une église locale, et en ce qu'ils élisaient parmi eux des présidents ; mais je n'ai pas un seul sentiment amer à ce sujet. Je ne leur en fais pas un reproche. C'était leur conviction, conviction fausse, selon moi ; mais tout cela est passé. Ce qui fait que je les respecte, et ce qui n'est pas passé pour moi, c'est que, jadis, ils ont souffert pour le témoignage du Seigneur, témoignage imparfait peut-être, mais sincèrement rendu à Celui que nous aimons tous. C'est le tour des frères peut-être maintenant ; et il y a d'anciens dissidents qui se sont cordialement joints à eux, et qui ont souffert avec eux. J'ai un respect sincère pour ceux qui, soit qu'ils vivent encore, soit

[1] Page 134.

que déjà ils soient entrés dans le repos, ont souffert pour le nom de notre commun Seigneur. J'accueille avec joie la foi de ceux qui ont pris part aux épreuves de leurs frères d'aujourd'hui. Je ne veux pas fermer les yeux à de nouvelles lumières que Dieu m'a données, et quelques-uns de ces chers frères ont eu, je crois, le tort de le faire. Mais leur tort, je l'espère, est là où sont mes propres péchés, au fond de la mer, hors du souvenir de notre Dieu, à cause du sang de l'Agneau.

II.

Tout en laissant de côté les attaques dirigées contre les frères, je ferai, en passant, quelques remarques sur l'histoire que M. Monsell fait du Plymouthisme, et qu'il a arrangée de manière à appuyer ses raisonnements. Elle est entièrement inexacte. Le commencement des frères n'a pas été, comme il le dit, l'action isolée de plusieurs frères en diverses localités, et cela sans s'être entendus les uns les autres. La réunion, où M. Monsell dit qu'il y avait plus de ministres anglicans qu'à la première séance de l'alliance évangélique[1], n'avait rien de commun avec les réunions des frères. C'était, sur l'invitation d'une seule personne, qui recevait et logeait les invités dans sa maison, une réunion dont l'objet était l'étude de questions prophétiques. Prenons note, cependant, de la largeur de cœur reconnue chez les frères, et souvenons-nous que le Seigneur lui-même a commencé en se mettant à la portée de tous; mais il s'est vu resserré dans un petit cercle avant que d'avoir achevé sa course. C'est le propre de la vérité, qui agit en amour, que de commencer avec un cœur plein et large, et de se trouver bientôt, de fait, resserrée en des limites étroites, par ce qu'elle rencontre dans le cœur

[1] Page 101.

des autres. C'est sur un petit troupeau que le cœur du Père se repose. Que les frères s'en souviennent. Je ne prétends pas dire que nous ayons été parfaits comme Christ, nous en sommes bien loin, ni que l'hostilité dont nous sommes les objets ne doive être attribuée qu'à la pure malice des adversaires. Et, en essuyant des attaques telles que celles de M. Monsell, il est difficile de garder le cœur toujours large et ouvert. J'espère, néanmoins, que mes frères veilleront à ce que cela ait lieu. Mais, quelque amour que fasse paraître un témoin de la vérité, il n'en demeure pas moins vrai que sa fidélité aura toujours l'effet que j'ai signalé.

Si l'on veut faire les choses « sur une grande échelle », ainsi que la brochure de M. Monsell en exprime l'ambition, alors, en effet, il faut recourir à un tout autre principe, à celui que la brochure énonce en ces termes : « Prendre toujours le chemin où il faut le moins « de foi[1]. » Car, pour avoir beaucoup de monde, il faut, certes, ou que Dieu domine les masses elles-mêmes par un Esprit de puissance, ou il faut faire descendre les exigences de notre marche à la mesure d'un grand nombre, c'est-à-dire, à une très-petite mesure de foi. C'est le principe que M. Monsell avoue et recommande. *C'est la base de sa brochure.*

Pour ma part, je puis dire que mes principes n'ont pas changé. Ce que j'ai publié, en quittant le nationalisme, sur la nature et l'unité de l'Eglise de Christ, c'est encore ce qui me satisfait le plus de ce qui a paru sur ce sujet, et c'est tout l'opposé des principes d'union annoncés par M. Monsell.

[1] Page 103.

§.

Pour en revenir à l'histoire des frères, tout le récit, que fait M. Monsell, des rapports entre les petits troupeaux[1] n'est qu'un produit de son imagination.

C'est moi qui ai suggéré l'œuvre de l'évangélisation qu'il appelle des missions intérieures, quoiqu'il soit vrai que, l'œuvre une fois établie, le ministre national, auquel M. M. fait allusion, y prit beaucoup plus de part que moi, par l'énergie de son caractère. Pour éviter des luttes avec les ministres anglicans, il avait commencé des réunions de missions, et j'avais réussi à en faire des prédications. Il n'y avait pas de comité. Lorsque l'œuvre eut pris de l'extension, il est allé, à mon insçu, la confier aux ministres nationaux, en s'engageant à mettre de côté les laïques, comptant que mon intérêt pour l'œuvre, et l'esprit de largeur que j'y avais apporté m'engageraient à y rester. Je m'y suis refusé; et, peu de temps après, les évêques et les ministres ont fait bon marché de l'œuvre, et l'évangélisation s'est ralentie. Grâce à Dieu, l'énergie se renouvelle au milieu des frères.

§.

La mission de Tinnevelli n'a jamais été, comme l'affirme M. M., entre les mains des frères. M. Rhénius, qui y avait été extraordinairement béni, M. Schmidt, et, si je ne me trompe, deux autres missionnaires, s'étaient soustraits au joug de la société Anglicane, parce qu'on leur imposait l'obéissance à la consécration selon la liturgie anglicane, et d'autres choses semblables. Cela

[1] Page 23.

a éveillé chez les frères un intérêt prononcé, et cela était naturel. Les chagrins que M. Rhénius a éprouvés en conséquence de la conduite de la société Anglicane ont amené sa mort, et la mission est rentrée dans le ressort de la Société.

§.

On trouvera, vers la fin de cet écrit, le récit de ce que M. M. appelle le schisme de Plymouth.

Il n'est pas nécessaire de suivre plus outre l'histoire que M. M. donne des frères, au milieu desquels il n'est entré que sept ans après le commencement de l'œuvre.

§.

Je ne conteste pas que, dans le congrégationalisme, il n'y ait eu, au commencement, liberté du ministère; mais cela n'a guère duré. Cette liberté a existé, et elle existe encore parmi les Quakers; mais, tout en admettant la liberté du ministère, l'œuvre des frères repose sur des bases beaucoup plus larges. En prenant comme fondement les grandes vérités de l'Evangile, voici les principes qui la distinguent : l'unité de l'Eglise par la puissance du Saint-Esprit descendu d'en haut, témoin d'une rédemption parfaite, accomplie par Celui qui y est assis à la droite du Père. C'est à cause de la présence de cet Esprit, agissant dans les membres, qu'il y a liberté du ministère selon la mesure de son énergie et de ses dons; liberté réglée par la Parole.

Voilà le premier principe, principe dont M. M. ne veut pas même reconnaître l'existence, comme je le ferai voir. C'est sur ce fondement[1] que nous sommes réunis, en admettant, par conséquent, tout chrétien.

L'énergie du témoignage rendu au second avénement du Seigneur Jésus a, en pratique, distingué les frères.

L'œuvre a été le résultat d'une énergie qui venait de Dieu; et, certainement, la connaissance des révélations de Dieu dans sa Parole s'est accrue par son moyen. La fidélité pratique, dans le renoncement au monde, est, peut-être, ce qui a été le plus en saillie. La connaissance de la Parole, j'en suis persuadé, en a été une conséquence. Mais les deux principes, que j'ai signalés, ont particulièrement distingué l'œuvre. Peut-être, pourrait-on plutôt dire que les choses qui l'ont distinguée ont été une étude des voies de Dieu dans sa Parole, sous tous les rapports, la séparation complète du monde, et une évangélisation libre et active.

§.

Ce que dit M. M., p. 27, art. VI, n'est pas exact. L'examen pourra s'en faire en considérant la présence du Saint-Esprit dans l'Eglise.

§.

Quant à l'art. VIII, p. 28, dire que les frères de Plymouth (nom que, du reste, je n'accepte pas) ont une mission spéciale pour sommer les fidèles de quitter leurs diverses communions, etc., c'est avancer une chose dé-

[1] Le fait est que nous nous sommes réunis par la puissance de la grâce, selon la liberté de l'Esprit de Dieu, sans système arrêté; mais, au fond, c'est ce que je viens d'indiquer qui a servi de principe à la réunion. La première fois, c'était à Dublin, nous étions quatre frères.

nuée de fondement. M. Irving disait le contraire; et il envisageait le fait que nous ne cherchions pas à faire venir à nous le monde, comme une preuve que nous n'étions pas dans le vrai. Chercher le monde, c'est, j'en suis persuadé, une fausse marche. En outre, la marche que je suis est une marche de foi; et, si quelqu'un n'a pas la foi qui le pousse à la suivre, il ferait mieux de rester chez lui. Mais il est toujours vrai que la puissance d'une nouvelle vérité détache ceux qui l'embrassent du système qui la rejette. C'est ce qui est arrivé en Angleterre et en Suisse.

§.

Il n'y a aucun fondement non plus à dire, art. IX, que notre « nouvelle base » est « celle du témoignage contre l'apostasie. » Souvenons-nous que M. M. admet lui-même l'apostasie[1], et il sent qu'il ne peut pas agir sur les âmes sans l'admettre. Si donc il y a une apostasie, ou « un désordre universel », il est clair que ceux qui sortent de ce désordre, et qui se réunissent en dehors de cet état de choses, sont sur un fondement qui, par le fait même de leur réunion, rend témoignage contre ce désordre; mais ce n'est pas le témoignage rendu contre ce désordre qui est le fondement sur lequel ils sont réunis.

§.

Quant à l'organisation ecclésiastique, nous nous en occuperons plus loin. Je me permettrai ici une seule observation. Le lecteur, qui goûte un peu les choses de Dieu, peut-il parcourir les articles dans lesquels M. M. a

[1] Page 47.

dépeint ce qu'il appelle le Plymouthisme, et les principes que le Plymouthisme a mis en avant, et croire que la seule absence d'organisation soit ce qui le distingue? Quelque mordant que soit ce que M. M. en dit, cela nous fera, auprès des âmes droites, plus de bien que de mal. Il a aussi répondu pour nous à l'*Examen* d'un ministre neuchâtelois, en démontrant qu'Ancien et Pasteur sont deux choses différentes, et en faisant ressortir la différence entre le ministère et les charges, ainsi qu'entre les dons et les charges, avec plus de clarté que je ne l'avais fait. Enfin, il a renversé de fond en comble le nouveau système genevois, en le démontrant clairement anti-scripturaire, par une déduction tirée d'une suite de passages, déduction que je résumerai dans les propres termes de M. M.: « Je regarde donc toute nomination des ministres de la Parole comme un attentat à l'ordre divin [1]. »

[1] Page 144.

III.

Ceci nous amène à une chose grave, et digne de l'attention sérieuse des chrétiens.

Tout en développant, avec beaucoup de clarté et de force, les preuves de la doctrine que les frères professent sur le ministère et sur les charges (sauf un point que je ferai remarquer plus loin), M. M., afin de faire valoir ses droits à établir un système et à y faire entrer les frères, pose pour base la dénégation au fond de ce qui est beaucoup plus essentiel que la liberté du ministère même, de ce qui seul donne à cette vérité quelque valeur. Il emploie la vérité sur le ministère, vérité que les âmes goûtent de plus en plus, afin de nier, ce qui est bien autrement important, la vraie unité de l'Eglise, et afin de justifier les sectes et le morcellement de l'Eglise à l'infini sous l'empire de quelque principe que ce soit ; et, pour parvenir à son but, il efface les limites du bien et du mal, et sape les fondements de la fidélité chrétienne.

C'est le caractère moral de cette brochure, c'est l'absence de toute trace de l'influence de l'Esprit de Dieu, qui m'affecte le plus sensiblement (car j'ai bien connu M. M. ; mais on ne manquerait pas de m'accuser de prévention, si j'insistais là-dessus) ; et cette brochure m'a fait douter profondément de sa foi sur le point capital de la présence du Saint-Esprit. Mais je m'occuperai des points que j'ai indiqués.

Et d'abord, M. M. nie, tout en ignorant le fond de cette vérité, l'unité de l'Eglise de Dieu et la présence du Saint-Esprit pour produire cette unité.

« L'unité des chrétiens, dit-il [1], consiste dans leur » participation à une vie commune. »

Si cela est, on peut avoir l'unité sans qu'il existe un corps, et l'unité des chrétiens existe sans qu'ils soient un corps, tout en étant disséminés sur la surface de la terre sans union quelconque, et chacun étant laissé à sa propre individualité. On peut, si l'on se rencontre, éprouver des affections pareilles et mutuelles; mais point d'unité.

La Parole de Dieu dit :

« Par *un seul Esprit*, nous sommes tous baptisés » pour être *un seul corps*. »

Mais, pour le but que se propose M. M., il suffit que l'unité se borne à des affections communes, et que les divisions continuent parmi les chrétiens.

Il dit encore [2], en parlant des chrétiens : « Leurs affections et leurs sympathies communes sont le résultat d'une vie communiquée à leurs âmes par le Saint-Esprit, qui les a rendus participants de la nature divine. »

Ainsi, ce qu'il a en vue n'est pas la présence du Saint-Esprit qui en fait un seul corps. L'auteur ne voit pas les chrétiens « bâtis ensemble pour être l'habitation de Dieu par l'Esprit. » (Eph. II, 22.)

M. M. dit encore [3] : « L'unité intime et cachée se manifeste par une union visible » (Ce sont bien là les termes dans lesquels la vérité s'exprime ; et néanmoins,

[1] Page 6. — [2] Page 7. — [3] Page 8.

c'est pour la réduire, dans ce qui suit, à quelques sentiments personnels et individuels), « comme l'âme se rend sensible à autrui par le corps et ses organes. » Et qu'est-ce que c'est que cette unité visible comme le corps? « Enseignés de Dieu à s'aimer les uns les autres, les chrétiens aiment, comme Christ, d'un amour qui *se montre;* imitateurs de Dieu, comme ses chers enfants, ils *marchent* [1] dans la charité. » Toute unité, c'est-à-dire même l'unité visible, est une affection et une conduite individuelle. C'est se tromper soi-même, c'est tromper les âmes dans les choses les plus sérieuses, que de se donner ainsi le change sur les paroles employées par le Saint-Esprit. Que le lecteur parcoure la page entière d'où ces citations sont tirées, et il y trouvera la confirmation de ce que j'avance.

Est-ce là l'unité manifestée par une union visible? ou est-ce là employer les expressions d'une vérité scripturaire pour détourner l'âme de la vraie force de cette vérité?

L'effet de ceci est, sans que l'âme s'en aperçoive, de l'éloigner de la pensée de Dieu sur le sujet de l'unité, tandis qu'elle suppose qu'elle possède cette vérité, parce que, pour lui en parler, on s'est servi des termes mêmes destinés à la communiquer.

A la page suivante, le système paraît déjà.

« Chaque âme convertie devient membre de l'Eglise *universelle.* » — Quelle Eglise universelle? Du corps de Christ ici-bas? Nullement. Paul parle « des Ephésiens comme membres de l'Eglise qui n'est bornée ni aux lieux, ni aux temps. » L'âme convertie est « associée aux esprits des justes sanctifiés; elle ne peut ni leur

[1] Les italiques sont de M. M.

rendre des services, » etc. Puis, nous avons un non-sens, savoir, que cette « Eglise universelle se partage en églises locales, qui en sont les représentants et les miniatures. » Car, par Eglise universelle, l'auteur nous a fait embrasser tous les croyants de tous les siècles, morts ou vivants, une Eglise qui n'est bornée ni aux temps, ni aux lieux. Et ainsi l'on a écarté l'idée de l'Eglise sur la terre, baptisée par un seul Esprit pour être un seul corps; et c'est là ce qu'on se proposait; et l'attention, détournée de la vérité scripturaire sur ce point, a été fixée sur les *églises* [1], qui sont les représentants de l'Eglise universelle En un mot, l'Eglise, telle que nous la représente la Parole, est niée, pour mettre en saillie chaque troupeau comme ayant les droits de l'Eglise universelle, expression et pensée également inconnues à la Parole.

Ecoutons encore: « L'union en Christ est donc une œuvre morale, détruisant, à mesure qu'elle se développe, tout égoïsme et tout orgueil [2]. » Cela a l'air très-beau; mais lisez l'épître aux Ephésiens et le douzième chapitre de la première aux Corinthiens, et vous verrez si ce que dit l'auteur a trait aux pensées exprimées dans la Parole de Dieu.

[1] Nous verrons plus tard que M. Monsell se contente de beaucoup d'églises dans une localité et d'un morcellement infini. Le but est ici de conserver en détail, à une église quelconque, les droits de l'Eglise universelle; idée qui, après tout, exclut toute idée scripturaire de l'Eglise, en tant qu'elle exclut toute pensée d'un corps par le baptême du Saint-Esprit, vu que les fidèles de l'Ancien Testament n'ont jamais été ainsi réunis sur la terre. Voici ses paroles: « chaque troupeau étant, dans un cercle restreint, pour une durée limitée, ce qu'est l'Eglise universelle jusqu'à ce que la dernière pierre soit posée. »

[2] Page 10.

L'idée de famille est très-douce, et je ne m'oppose pas à une affection pareille, car nous sommes frères; mais ce n'est pas là la pensée de la Parole au sujet de l'unité de l'Eglise : « Nous sommes tous *un seul corps* en ce » que nous participons tous à ce seul pain. »

Si les paroles de l'homme m'ôtent la vérité de Dieu, plus elles sont douces, plus elles sont mauvaises et trompeuses.

Vous comprendrez donc maintenant, lecteur, ce que signifie ce langage : Union en Christ, manifestée dans l'Eglise au moyen des églises locales : Union, c'est une œuvre morale dans l'individu; manifestée dans l'Eglise, signifie en activité dans les individus en tant que leurs âmes appartiennent à l'Eglise universelle, et cela, dans des affections et des sympathies communes entre chrétiens d'une localité.

Eh bien! je n'hésite pas à le dire : il est immoral d'employer ainsi de telles expressions, afin de donner le change sur des sujets dont la Parole de Dieu parle par l'apparence des termes dont elle se sert. Ce que j'appelle immoral, c'est de se servir de paroles onctueuses et sentimentales pour attirer le cœur du chrétien à attacher un sens à des mots dont on se sert pour exprimer des vérités chrétiennes, dans le but même d'exclure ces vérités, en laissant penser à l'âme trompée qu'elle possède tout ce que la Parole enseigne par ces mots. Prenez les pages de M. M. et voyez si les expressions d'union en Christ, d'union manifestée dans l'Eglise, ou même d'église locale, y ont le même sens que les vérités infiniment précieuses que renferment ces mots, si l'on consulte la Parole.

Je poursuis mon sujet.

§.

Nous avons vu les idées établies pour préparer les esprits à recevoir le système. Nous allons voir le système lui-même.

J'accuse ce système de nier l'unité de l'Eglise et la présence du Saint-Esprit qui la crée.

« L'unité d'Israël se manifestait dans l'assemblée de tout un peuple entourant un seul autel. Que ce peuple soit dispersé, ou même l'autel souillé, pour le moment tout est perdu. Notre unité, dont le symbole n'est pas un chandelier, mais sept, est moins massive et plus diverse. Le temple n'a pas été remplacé par un autre édifice, mais par de nombreuses tentes qui, collectivement, forment un seul camp[1]. » Il cite Ex. XXV, 31 ; Zach. IV, 2 ; Apoc. I, 12, 13, 20. Ainsi, l'auteur met entièrement de côté la doctrine des Epîtres sur ce sujet d'un bout à l'autre ; et les Epîtres sont la partie de la Parole qui révèle les relations directes entre le Père et Christ, Chef du corps, avec l'Eglise, et qui en parle. Introduire cette partie de la Parole, ce serait renverser de fond en comble le système de l'auteur. Faites attention à ce qu'il dit, savoir, que ce qui a remplacé le temple n'est pas un autre édifice, mais plusieurs tentes. Ce n'est pas dire que Christ supporte, tout en le jugeant, un tel état de choses ; c'est prétendre dire ce que Dieu aurait fait pour remplacer le temple. Or, je prie mon lecteur de prendre, non les symboles de l'Apocalypse (où bon nombre de chrétiens voient une histoire prophétique des états successifs de l'Eglise sur la

[1] Page 51.

terre, et qui, si cela n'est pas, nous présentent sept églises[1] locales qui ont servi d'occasion pour juger l'état moral de toute église et même de toute âme) pour chercher dans les prophéties de l'Apocalypse ce que c'est que l'Eglise, en mettant de côté toute la doctrine des Epîtres; mais de prendre la révélation directe et positive de ces Epîtres, et d'y voir si ce que Dieu lui a annoncé n'est pas l'Eglise corps de Christ, un sur la terre par le baptême du Saint-Esprit descendu du ciel. Nous ne nions nullement les églises locales. M. M. s'en dispense, comme nous le verrons. La Parole maintient aussi l'unité locale.

Remarquez aussi que, dans l'Apocalypse, le Seigneur n'est pas présenté dans la position dans laquelle les Epîtres nous le révèlent. Les Epîtres nous parlent de Jésus monté en haut, Chef (tête) d'un corps, et communiquant la force et la grâce à ce corps. Dans l'Apocalypse, nous ne voyons pas même Jésus dans son caractère de Fils sur sa propre maison. Il s'y montre comme juge, juge-sacrificateur peut-être, mais Fils de l'Homme, juge au milieu des églises. Il n'y est pas du tout question de l'union avec Christ. Or, toute cette précieuse vérité de l'union actuelle de Christ avec son Eglise, ainsi que de ses membres les uns avec les autres par le Saint-Esprit, est mise de côté pour que les âmes se contentent de ce que personne n'ose justifier, c'est-à-dire, de l'état actuel des chrétiens.

Le sens de l'ouvrage de M. M. revient à ceci : ne regardez pas trop à ce beau idéal; ne remplissez pas votre tête de ce dont la Parole parle, et je vous présen-

[1] On se rappellera que le nombre de sept donne l'idée de ce qui est complet.

terai quelque chose qui ira bien ; car on ne peut pas avoir les choses comme il faut sur la terre. Il faut chercher une marche où l'on ait besoin du moins de foi possible.

Chrétiens, êtes-vous contents de cela ?

M. M., en outre, pose en principe ce que j'ai maintenu dans ma controverse avec notre frère Rochat, maintenant dans le repos. « Nous sommes, dit-il [1], membres de l'Eglise universelle [2] et de l'église locale par le fait même de notre christianisme. »

Immédiatement après cela, M. M. nous fait entendre la justification des sectes et l'apologie de la destruction de l'unité locale, dont il fait bon marché, ainsi qu'il avait mis de côté le corps de Christ. « Que cette manifestation, dit-il, soit faite par une seule assemblée fidèle, ou par plusieurs assemblées ayant de différents surnoms, mais toute liberté de communion entre elles, comme corps, cela revient au même ; cette église, ou l'ensemble de ces églises, forme la manifestation de l'Eglise de Dieu de ce lieu. »

Or, je demande si la Parole de Dieu fournit une trace de quelque chose de pareil, et si cela n'y est pas même très-positivement condamné comme une chose charnelle. Si l'un dit : Je suis de Paul ; l'autre : Moi d'Apollos ; c'est-à-dire, s'il y a « différents surnoms, »

[1] Page 55.

[2] Ayant déjà parlé de l'expression Eglise *universelle*, expression toujours employée pour mettre de côté le corps de Christ, je ne reviendrai pas là-dessus. La Parole de Dieu parle toujours des membres du corps de Christ, corps formé par la descente du Saint-Esprit ici-bas, et jusqu'à présent reconnu seulement sur la terre. Ce corps sera manifesté dans sa plénitude, lors du retour de Christ.

peu importe ; selon M. M., cela revient au même. » Mais que dit la Parole? « Il n'y a ni Juif ni Gentil, ni Grec » ni Barbare ; nous sommes tous un en Jésus-Christ. »

§.

Plus loin, l'auteur exclut encore la présence du Saint-Esprit, pour fonder l'union sur un état d'âme. « Je suis, dit-il, rattaché à mes frères par l'œuvre de Dieu en eux et en moi. »..... « Je me soumets aux lois et à l'esprit d'une société établie par le Seigneur Jésus[1]. »

Quelle différence entre ce langage et celui de la Parole de Dieu! « Or vous êtes le corps de Christ, et » chacun un de ses membres. » — « Maintenant, Dieu » a placé chaque membre dans le corps comme il » voulu. » — « Il y a plusieurs membres, mais il n'y » a qu'un seul corps. » — « Car nous avons tous été » baptisés d'un même Esprit, pour être un seul corps. »

Et ici, cher lecteur, faites attention à une chose. On cherche à établir une distinction entre les dons du jour de la Pentecôte et le Saint-Esprit, le Consolateur dont parle l'Apôtre Jean ; et M. M. se prévaut des paroles de Pierre : « Ce que vous voyez et entendez, » pour les mettre en contraste avec les paroles du Seigneur : « Le monde ne peut pas le recevoir, parce qu'il ne le voit pas, » dans le but de distinguer entre l'Esprit, tel que nous l'avons, comme Esprit de grâce, et l'Esprit tel qu'il était avec les disciples[2]. Or, ce qui était promis par Jésus, c'était le Consolateur qu'il irait, en haut, demander au Père, et que, d'en haut, il enverrait aux siens (Jean, XIV, XV et XVI[3]). Après sa

[1] Page 57. — [2] Page 107.

[3] Jean, XIV, Christ médiateur, demande le Saint-Esprit au Père

résurrection, il dit aux disciples d'attendre à Jérusalem l'effet de la *promesse du Père*, laquelle, dit-il, *vous avez ouïe de moi.* Car Jean a baptisé d'eau, mais *vous serez baptisés du Saint-Esprit* dans peu de jours (comparez Matth. III, 11). Or, ils avaient ouï de Jésus la promesse du Consolateur que le Père devait envoyer (Jean XVI). Le jour de la Pentecôte, Pierre dit (Act. II, 32, 33) : « Dieu a ressuscité ce Jésus, de quoi nous » sommes tous témoins. Après donc qu'il a été élevé » au ciel par la puissance de Dieu, et qu'il a reçu de » son *Père la promesse* du Saint-Esprit, il a *répandu* » *ce que maintenant vous voyez et vous entendez.* » Or, c'est par cet Esprit même, *promesse du Père*, dont Jésus a parlé (Jean XIV, XV et XVI), que nous sommes *baptisés* pour *être un seul corps.* Et le « voyez et entendez, » dans la bouche de Pierre, ne dit rien de ce dont M. M. parle. Les langues, etc., étaient la « *manifestation* de l'Esprit, » et c'est ce que le monde voyait et entendait.

Or, je demande si le Saint-Esprit produit en nous de bonnes œuvres; et je trouve qu'il est dit : « Afin » qu'on voie vos bonnes œuvres, et qu'on glorifie votre » Père qui est dans les cieux. » Et je dis : Serait-ce selon l'Esprit et la Parole que de dire: Ah! cela ne peut pas être le Saint-Esprit comme Esprit de grâce et comme Consolateur, parce que le monde ne voit pas celui-ci? — Nous sommes l'épître écrite par l'Esprit du Dieu vivant, connue et lue de tout le monde. Est-ce encore là ce qui n'est pas la promesse du Père? — Et encore : le Consolateur parlerait en eux et leur montre-

qui l'envoie; XV, Christ, dans sa gloire personnelle en haut, l'envoie; XVI, le Saint-Esprit est ici-bas dans les disciples, et il dira les choses qu'il a ouïes.

rait des choses à venir. Est-ce que la demeure du Saint-Esprit, qui faisait cela, était entièrement distincte de celle qui en faisait un Esprit de grâce?

J'admets pleinement la différence entre les grâces et les dons; mais je ne l'admets pas pour mettre de côté ce baptême qui fait l'unité du corps, moule dans lequel les affections chrétiennes sont formées selon la Parole, et pour en faire seulement des sentiments gracieux.

En parlant du *ministère*, M. Monsell a bien su citer les passages les plus frappants qui ont trait au corps de Christ, et ainsi il a l'air de ne pas les négliger. Pourquoi donc les mettre de côté quand il s'agit de l'union des membres?

§.

M. M. dit encore : « L'Eglise étant composée d'hommes est une société humaine[1]. »

Est-ce ainsi que la Parole en parle? L'Eglise n'est pas seulement composée d'hommes. Elle a pour tête Jésus, et le Saint-Esprit y est, et c'est *Lui* qui en fait l'unité; de sorte que dire qu'elle est une société humaine, c'est faire une allégation qui fausse complétement l'idée que Dieu en donne.

Les liens de cette société sont-ils humains? Est-ce que ce qui en fait *une société* est humain? Nullement. Ce qui en fait une société, c'est le Saint-Esprit. Cette assertion de M. M. que l'Eglise est une société humaine trahit pleinement l'exclusion du Saint-Esprit de son système sur l'Eglise. Car, si la présence de Dieu forme cette société, dire que, parce que les hommes y sont, la société est une société humaine, c'est mettre l'homme

[1] Page 71.

au-dessus de Dieu, et c'est faire prévaloir ce qui est l'objet des sens sur la présence de Celui qui est l'objet de la foi seule; présence qui, pour la foi, caractérise cette société; présence sans laquelle elle n'existe pas.

M. M. dit: « Les membres des églises fidèles...... se proposent l'idéal de l'Eglise, des familles célestes sur la terre [1]. » Très-joli sentiment peut-être. Mais j'en appelle à l'Epître aux Ephésiens, à celle aux Romains, XII, à la première aux Corinthiens, XII, à la première à Timothée, III, 15, et je dis: Cela n'est pas du tout l'idéal de l'Eglise selon la Parole.

§.

En réfutant une pensée du *Coup d'œil*, M. M. s'exprime ainsi: « Dire que l'Eglise soit devenue entièrement invisible, c'est dire que le monde ne puisse plus s'apercevoir qu'il y ait *des chrétiens* [2]. » Ici, toute idée d'unité et d'union, selon la Parole, est absolument détruite. L'Eglise n'est plus qu'un état moral des individus. Ce n'était pas assembler en un les enfants de Dieu qui étaient dispersés.

« L'Eglise n'est-elle donc plus visible? » demande M. M. « Oui, dit-il, elle se voit encore dans tous ceux qui professent de connaître le Seigneur [3]. » C'est dire que l'existence des individus dispersés est la manifestation d'un corps.

Mais M. M. va plus loin. « L'Eglise apostolique, dit-il, était visible uniquement parce qu'elle manifestait les vertus du Sauveur; et, maintenant aussi, il y a des âmes qui, dans une faible mesure, sont les témoins de Christ. Pourquoi ne pas appeler les mêmes choses du

[1] Page 123. — [2] Page 139. — [3] Page 140.

même nom, au premier siècle et au dix-neuvième[1] ? »

Cela est une dénégation formelle de toute la doctrine de la Parole.

Dieu avait-il mis les Apôtres en des âmes? Avait-il placé des dons de guérison dans une âme? On a beau crier: Vous prenez les choses d'une telle manière! Oui. Je prends les choses tranquillement, ainsi que je les trouve dans la Parole, et je dis que vous mettez de côté et que vous niez l'unité de l'Eglise de Dieu, et toute la doctrine de la Parole, M. M. dit que je confonds le catholicisme de la forme avec l'unité de l'Esprit. L'unité d'un homme, en quoi consiste-t-elle? Je ne parle pas d'uniformité d'organisation. Je parle de l'unité du corps. Il y a un seul Esprit et un seul corps, corps sur la terre (Eph. IV). Votre unité d'Esprit[2] ne consiste qu'en

[1] Page 141.

[2] Il est important ici de rendre sa force à cette expression : l'unité de l'Esprit. « Cette unité n'est nullement, ainsi que M. M. la présente, une affaire de sentiment. L'unité de l'Esprit est l'unité qui découle de ce qu'*un seul Esprit* a réuni les uns et les autres en Jésus, dans un seul corps. Voyez l'épître aux Ephésiens : « Dieu a établi Christ Chef sur toutes choses, et Tête de son Eglise qui est son corps, l'accomplissement de Celui qui remplit tout. » C'est-à-dire que l'Eglise, comme corps, fait le complément de la Tête qui est Christ. — Il nous a ressuscités *ensemble* avec lui, Juifs et Gentils aussi *ensemble*. Il nous a fait asseoir, nous chrétiens, *ensemble* en lui dans les lieux célestes. — « Afin » qu'il créât les deux en soi-même, pour être un homme nou- » veau, et qu'il réunît les uns et les autres *pour former un corps* » *devant Dieu*. Vous donc (Gentils), vous n'êtes plus étrangers et » forains, mais concitoyens avec les Saints, et de la maison de » Dieu, étant édifiés sur le fondement des Apôtres et des Prophè- » tes (du Nouveau Testament, voy. III, 5), Jésus-Christ lui-même » étant la maîtresse pierre du coin, en qui tout l'édifice, posé et » ajusté *ensemble*, s'élève pour être un temple saint au Seigneur » (voilà ce qui a remplacé le temple détruit) ; en qui vous (Gentils

quelques bons sentiments en des individus. Ce n'est pas ce dont la Parole nous entretient. Elle nous parle d'être édifiés ensemble pour être l'habitation de Dieu par l'Esprit. Et, pour de vaines paroles, je ne veux pas renoncer à la Parole de mon Dieu, et au corps dont Christ est le Chef.

§.

Je n'ai pas pris, dans l'écrit de M. M., un passage isolé dont on aurait été exposé à tordre le sens. J'ai reproduit une foule de passages de sa brochure qui démontrent qu'il nie, et que le but de son travail est de nier la doctrine de la Parole sur le sujet de l'unité de l'Eglise, du corps de Christ. Il la nie d'une manière habile, j'en conviens. Et, pour ne pas avoir l'air de mettre de côté les passages de la Parole qui enseignent cette vérité,

» êtes édifiés *ensemble* pour être un tabernacle de Dieu par l'Es-« prit. » — Voilà l'unité de l'Esprit, qu'au chapitre IV il exhorte les fidèles à garder, en leur rappelant qu'il y avait *un* esprit et *un* corps. Et remarquez ici que la descente de l'Esprit, puissance d'unité pour le corps, est tellement devant les yeux de l'Apôtre, et cela fondé sur ce que Christ est monté en haut, qu'il ne connaît les Apôtres dans l'Eglise que comme donnés, après l'ascension, par Christ, tête du corps. Voy. aussi 1 Cor., XII. Là, l'unité de l'Esprit n'est pas en contraste avec la séparation antérieure des Juifs et des Gentils autant qu'avec la pluralité des démons. « Il » y a diversité de dons, mais *un même* Esprit;... mais *un seul et* » *même Esprit* fait toutes ces choses. Car comme le corps n'est » qu'un, quoiqu'il y ait plusieurs membres, il en est de même de » Christ. Car nous avons tous été baptisés d'un même Esprit pour » être un seul corps (soit Juifs soit Gentils). Or, vous êtes le corps » de Christ. »

Voilà donc l'unité de l'Esprit une réalité dans la puissance de Dieu, et non pas seulement des sentiments dans l'homme. Le lien de la paix est pour *garder* cette unité.

il les cite, mais dans un autre but, dans celui d'expliquer les dons de ministère. Mais il nie soigneusement la vérité dont nous venons de nous occuper.

Le but de M. M. est d'accepter et de justifier le morcellement actuel de l'Eglise.

Après plusieurs pages, dans lesquelles M. M. cherche à justifier des dénominations, et dans lesquelles il attaque sévèrement ceux qui les appellent des sectes, et cela avec justice en tant qu'elles ont pour fondement une opinion particulière, il dit : « Je ne me cache pas qu'en disant qu'il faut accepter notre morcellement actuel, je m'engage implicitement à accepter de nouveaux morcellements[1]. »

Eh bien! je puis pleurer; je puis me sentir incapable peut-être de réparer le mal; mais je ne puis pas accepter le péché devant Dieu, ni m'engager à en accepter ultérieurement.

[1] Page 41.

IV.

J'en viens maintenant au ministère.

Je crois que le travail[1] de M. Monsell sur ce sujet peut être de beaucoup d'utilité, et cela d'autant plus qu'il émane d'un adversaire. Il renverse le système de nos autres adversaires avec beaucoup de clarté et de suite. Quant aux Anciens, je crois que son travail peut aussi être très-utile. Je ne sache guère que le point de

[1] On peut résumer ce travail en quelques phrases.

Après avoir cité plusieurs passages, M. M. dit, page 63 : « L'on se demande : Le ministère régulier, où est-il? C'est que, dans le sens ordinaire du mot, il n'y en a point. Un corps d'hommes mis à part pour l'instruction publique religieuse eût été une innovation tout à fait opposée même aux idées des Juifs des temps apostoliques, et encore bien plus à celles des chrétiens. »

Et, page 65 : « Que l'on me montre une seule consécration ; alors je croirai à toutes les autres. Dire que quelques-uns de ces hommes avaient des dons miraculeux ne change rien à la question, » etc.

Et encore, page 144 : « *Je regarde donc toute nomination des ministres de la Parole comme un attentat à l'ordre divin.* » (En italiques par M. M.) « Que l'on se place sur le terrain du droit divin ou de l'ordre humain ; que ce soit le prêtre anglican en blanc, ou « l'inévitable homme noir », ou encore le ministre dissident se glissant comme par contrebande *sous le manteau de l'Ancien biblique,* toute nomination pour prendre la parole au culte est un mal. » Il paraît que M. M. ne fait pas grand cas, au moins, des attentats à l'ordre divin.

l'investiture des Anciens sur lequel j'aie quelques remarques à faire.

A l'égard des Anciens, on insiste sur l'imposition des mains, sur l'élection par les fidèles ou par un presbytère, et on ne se contente pas de leur existence pratique, lors même qu'ils seraient reconnus devant Dieu avec actions de grâces.

Voyons ce que M. M. admet sur ces points comme résultat de son étude; résultat auquel je suis arrivé, et que les adversaires des frères sont l'un après l'autre forcés d'admettre.

§.

M. M. dit au sujet des Anciens: « Tout au plus peut-on deviner que l'installation fût accompagnée de l'imposition des mains; enfin, aucune mesure positive n'est prise pour rendre permanente cette institution...... La signification d'une indifférence aussi marquée est évidente, lorsqu'on se rappelle que la corruption fondamentale du Christianisme devait être la transformation de ces officiers en un ordre de prêtres, appuyant ses prétentions sur la succession apostolique[1]. »

Il est certain, en effet, que la Parole ne renferme pas un mot sur l'imposition des mains en tant que conférée aux Anciens. Quels soins précieux que ceux que Dieu prend de son Eglise, et pour tous les temps! D'après les habitudes de ce temps-là, je ne doute guère qu'on n'imposât les mains sur les Anciens; mais le Saint-Esprit qui prévoit tout, et qui sait ce qu'il faut dire et ce qu'il faut omettre, s'est donné de garde de le faire constater (et, pour ma part, je ne doute pas que la raison

[1] Pages 92 et 93.

donnée par M. M. ne soit la vraie, comme pour ce qui concerne la vierge Marie). L'Esprit de Dieu, dis-je, s'est gardé de faire constater l'imposition des mains sur les Anciens dans la Parole inspirée, notre seule et unique règle; et voilà qu'au mépris de sa sagesse et de sa bonté, on veut nous imposer la chose que Dieu, dans sa bonté, a pris soin de passer sous silence en ce qu'il nous a conservé et transmis pour la bénédiction de l'Eglise dans tous les temps.

Je n'insiste pas sur la conséquence bizarre que M. M. tire et des craintes de cet abus, et de la résolution où il est d'avoir l'imposition afin de garder les apparences pour la chair. « Prenez, dit-il[1], pour consacrer, ceux qui sont des moins estimés dans l'Eglise. » Et, néanmoins, il préfèrerait que ce fussent ceux qui en possèdent le respect. Ce n'est que la conséquence naturelle de se départir de la sagesse de la Parole; mais je m'en tiens à insister sur le fait que l'imposition des mains sur les Anciens ne se tronve pas dans la Parole.

« Je pense, dit aussi M. M.[2], avec l'un des adversaires de M. Darby, que les institutions de l'Eglise apostolique ne sont pas un type absolu. C'est pourquoi je n'insiste pas sur l'établissement des Anciens comme sur un commandement de Dieu. »

Aussi M. M. n'essaie-t-il pas de montrer un passage où la Parole déclare qu'il faille en établir; en même temps il déclare qu'elle ne dit rien sur le mode de leur établissement. Il ajoute même[3]: « Nous ne savons ni où, ni quand, ni pourquoi, ni comment cette magistrature religieuse a été établie. » Il n'est pas fait la moindre allusion à une source officielle de cette autorité. Il n'ose pas insinuer que le peuple les ait choisis.

[1] Page 94. — [2] Page 144. — [3] Page 92.

§.

M. M. aborde l'accusation qu'on lui fait d'établir le principe démocratique[1]. On peut lire sa réponse qui est fort insignifiante. Il convient qu'il ne peut pas « présenter, comme étant de droit divin, » le système qu'il veut établir. Le présenter comme tel, « ce serait, ajoute-t-il, priver l'Epouse de son privilége d'arranger la Maison de Dieu *selon la sagesse qu'il lui accorde de jour en jour*, comme dirigée par son Esprit et jouissante de sa communion ;.... et n'était-ce pour la conviction que j'ai des avantages pratiques de l'épiscopat primitif, j'adhèrerais pleinement à ces paroles (de M. Schérer) : « La signification de l'exemple apostolique se réduit pour nous à l'indication fort générale de la convenance ou de la nécessité d'une direction de l'Eglise par quelques-uns de ses membres. »

On voit quelle place la Parole de Dieu occupe dans ces théories.

§.

M. M. évite toute discussion sur Actes, XIV, 23. En échange, il admet que Tite a été envoyé en Crète non pour reconnaître des Anciens, mais pour y en établir[2]. C'est convenir que, dans le seul cas où nous trouvions dans la Parole quelque chose de précis, ce sont les Apôtres et leurs délégués qui seuls établissent, principe important lorsqu'il ne s'agit pas des dons. Et voici pourquoi : Christ est Fils sur sa Maison. L'autorité descend de Lui, et l'Epouse ne peut pas la conférer. Il ne s'agit pas, nous en sommes d'accord, du ministère, mais du

[1] Page 96. — [2] Page 84.

gouvernement, de l'autorité, de la surveillance. Or, Christ seul est chef, comme l'homme l'est de la femme. Christ non-seulement donne des dons; il a, de plus, établi les douze, et cela était une charge. St.-Paul a reçu son autorité de Christ. Il confie une charge à Timothée qui avait *été désigné par les prophéties*. Il laisse Tite en Crète pour établir des Anciens. Voilà non pas seulement des faits isolés, mais un enchaînement de faits, qui découlent du principe que l'autorité appartient à Christ, et que Christ est Fils sur sa propre Maison.

Or M. M. confesse qu'il y a « désordre universel, » — « apostasie, » — « tout ce qu'on peut dire de plus fort en quelque langue que ce soit[1]. » Il confesse que rien n'a été dit de la permanence de cette institution des Anciens; que ce silence de la Parole est intentionnel, parce que cette institution devait devenir la grande corruption de l'Eglise, comme elle l'est devenue en effet. Et faites attention qu'il y a un morcellement de l'Eglise, et qu'en conséquence, si l'on prétend établir des Anciens, ils seront les Anciens non du troupeau de Dieu, mais d'une petite secte qui aura dû prendre dans son sein des personnes telles qu'elle aura pu les y trouver. De tels Anciens ne sauraient nullement répondre à ce que nous avons dans les Actes. Il ne peut leur être dit : « Paissez le *troupeau de Dieu* qu'il a acheté de son » sang, et duquel *le Saint-Esprit vous a établis Evê-* » *ques*. »

§.

Ne nous est-il donc rien dit d'autre, dans la Parole

[1] Page 47.

de Dieu, au sujet des Anciens et de la conduite du troupeau?

Examinons encore la brochure de M. M.

Nous y lisons[1] : « L'établissement silencieux des Anciens, dont l'existence ne nous est révélée qu'incidemment, témoigne du peu d'importance que l'on attachait à ces choses. »

C'est-à-dire que des Anciens ont occupé cette charge sans que nous trouvions un indice de leur établissement officiel. Ceci se comprend d'autant mieux que St.-Pierre, écrivant aux Juifs de la dispersion, nous fait voir que l'idée qu'il se faisait d'un Ancien n'était pas du tout celle d'un homme officiellement établi. Lui, Ancien, il écrit à ceux qui parmi eux étaient des Anciens, et il ajoute (1 Pierre V, 5) : « et vous qui êtes *plus jeunes,* » soumettez-vous à ceux qui sont vos Anciens. » C'est précisément ce qui équivaudrait à l'expression de doyen d'âge. Il oppose les plus jeunes aux plus âgés (νεώτεροι — πρεσβυτέροις) ; c'est-à-dire que nous avons la certitude que St.-Pierre, l'Apôtre de la circoncision, ne se servait pas du mot « Ancien » pour désigner des hommes officiellement établis, mais des hommes à qui l'âge et l'expérience qui l'accompagnait donnaient un poids moral en contraste avec des hommes plus jeunes. Et c'est précisément de cette manière que les Anciens à Jérusalem se présentent au XVe chapitre des Actes.

De l'aveu de M. M.[2], nous n'avons aucune preuve qu'il y ait eu des Anciens à Antioche. Et il ajoute : « Six ans après l'introduction de l'Evangile à Corinthe, l'Eglise semble ne pas avoir encore de gouvernement plus formel que l'influence morale de ceux qui s'em-

[1] Page 72. — [2] Page 74.

ployaient à l'œuvre du Seigneur (1 Cor. XVI, 15, 16.) L'année suivante, l'Eglise isolée de Rome en était, selon toute apparence, au même point; la présidence y était encore à l'état de l'exercice d'un don (Rom. XII, 8), sans être devenue une charge régulière. » Il dit encore[1] : « Ceux qui avaient porté la Parole au troupeau étaient de droit ses conducteurs » (Héb. XIII, 7).

C'est-à-dire que nous avons une foule de passages qui nous présentent très-clairement la position d'Ancien, de conducteur et de président fondée sur le poids moral et sur les dons, sans nomination, ni établissement officiel. A ceux que M. M. a cités, j'ajoute (1 Thess. V, 12, 13) : « Or, mes frères, nous vous prions de re- » connaître (connaître) ceux qui travaillent parmi vous, » et qui président sur vous en notre Seigneur, et qui » vous exhortent; et d'avoir un amour singulier pour » eux à cause de l'œuvre qu'ils font. »

Nous avons donc, dans la Parole de Dieu, une position reconnue sans controverse, et valable, sans autre question[2], partout où elle se trouve. Tout en admettant que c'était là l'expérience apostolique, et que le système d'Anciens officiels n'a été établi qu'au bout d'une trentaine d'années, M. Monsell nous blâme de vouloir refaire cette expérience[3]. Il nous dit qu'à mesure que le mal croissait, ce système a été « imposé sur l'Apôtre », particulièrement sur St.-Paul. Pour ma part, je ne m'op-

[1] Page 79.

[2] C'est ce qui démontre combien l'auteur anonyme de la brochure *Faut-il établir des Anciens?* est dénué de fondement, quand il affirme qu'on ne peut obéir aux Anciens à moins qu'ils n'aient été établis par les hommes, et combien une telle allégation est antiscripturaire.

[3] Page 98.

pose pas à cette idée, quoiqu'il paraisse que, déjà au commencement de son œuvre, St.-Paul ait établi des Anciens (Act. XIV). Mais, en admettant cela, qu'est-ce que ce fait démontre? C'est qu'à mesure que le mal augmentait, et que, en même temps, le désir de glorifier le Seigneur, l'amour et l'intérêt pour les choses de Christ diminuaient, il fallait que certaines personnes fussent nanties d'une autorité qui, reposant sur une investiture que personne n'oserait disputer, pût imposer silence à toute âme désobéissante. Et c'est là ce que nous trouvons : des Apôtres qui établissent; un Tite envoyé exprès pour le faire; un Timothée qui se trouvait dans le cas de recevoir des accusations contre des Anciens. Mais tout ici dépend du fait que la source de l'autorité soit incontestable. C'était bien le cas avec les Apôtres et avec ceux qui, en cas de besoin, pouvaient en appeler aux épîtres à Tite et à Timothée.

Mais tout n'est pas fini par là.

« A mesure, dit M. M.[1], que la mort s'empara de l'Eglise, les Anciens s'attribuèrent exclusivement l'instruction[2], et le ministère fut confondu avec l'office. Devenus corporation, survint parmi eux l'ambition du pouvoir, loi universelle des corporations; les membres du clergé comparaient leurs personnes aux sacrificateurs de l'Ancien Testament, et leurs fonctions à tout ce qui était déjà vénéré chez les hommes; de là le mot Sacrement. Puis, vinrent le salut par les cérémonies, et la rémission des péchés par les prêtres[3]. »

[1] Page 81.

[2] C'est, sans le vouloir, le tableau exact des églises libres de Genève et de Vaud, et, en même temps, une réponse à l'*Examen* par un ministre neuchâtelois.

[3] L'effet de ceci sur la question fait comprendre pourquoi la

Je ne poursuis pas ce tableau plus loin. M. M. nous dit que nous faisons mal de revenir, en arrière de la jeunesse de l'église de Philippes, à l'enfance de Thessalonique et de Corinthe. Mais il ne s'agit pas de cela. Enfance et jeunesse sont dès longtemps passées; et il s'agit de savoir si, dans cette décrépitude d'une vieillesse corrompue, dont il nous fait le tableau, nous pouvons revenir à la jeunesse, et faire ce que les Apôtres ont fait, par l'autorité de Christ, pour brider la volonté de l'homme par une autorité reconnue, et reconnue parce qu'elle découlait incontestablement de l'autorité de Christ sur sa propre Maison, et parce que, selon la sagesse du Saint-Esprit, elle répondait à ce qu'une telle position exigeait. Tout dépend ici de l'autorité incontestable de celui qui établit.

D'un autre côté, nous trouvons que, de fait, la Parole de Dieu investit moralement de son autorité, c'est-à-dire de l'autorité de Dieu, ceux qui, sans avoir été de la même manière officiellement établis, peuvent, si Dieu les suscite, agir sur ce pied selon leur capacité, où qu'ils se trouvent, fût-ce seulement au milieu d'une douzaine de frères réunis.

Eh bien! nous avons reconnu la bonté de Dieu en cela, sans prétendre nommer des Anciens avec une autorité qui ferme la bouche aux récalcitrants par le fait même de leur nomination, ainsi que l'ont fait les Apôtres auxquels Christ avait confié la verge dans l'Eglise.

Qui le fera maintenant?

chute de l'Eglise a été mise en saillie par cette discussion, sans que cette chute fût le moins du monde la doctrine qui ait servi de fondement à la position contestée.

Si vous en nommez, et que je conteste leur autorité, vous ne pouvez la maintenir que sur le pied de l'autorité morale, qui montrerait que c'est la chair en moi qui conteste. Vous êtes, malgré vous, sur le même pied que moi, à moins que votre acte ne soit le fruit d'une secte, et que vous n'en fassiez une condition d'entrée dans le troupeau.

§.

Mais, de fait, les soins dont nous parlons se trouvent-ils parmi les frères? Il est possible qu'ils n'aient pas su en profiter partout comme ils l'auraient pu. Mais laissons parler sur ce point M. M. « En Suisse, dit-il[1], et dans les villes britanniques, la direction échoit à ceux qui se mettent en avant[2], bien souvent hommes dévoués, sages, spirituels. » Et cela est tellement vrai que, dans ses efforts pour renverser les troupeaux de la Suisse, et dans les directions qu'il donne à ceux qui seront disposés à lui prêter la main dans ce but, il avoue qu'il désespère d'y réussir à l'égard des grandes églises; « celles-ci, dit-il[3], sont en général dirigées par un petit nombre de frères que leur activité intellectuelle a rendus propres à saisir ces théories subtiles ». M. M. espère que les petites églises de village[4] seront moins à l'abri de ses efforts.

Je ne dis rien de toute cette partie de l'écrit de M. M., parce que je ne pense pas qu'il y ait une seule âme spirituelle qui n'en juge pas l'esprit. On pardonne à

[1] Page 98.
[2] οἱ προϊστάμενοι.
[3] Page 131.
[4] Il est curieux qu'il leur propose néanmoins de demeurer ainsi, page 132.

l'auteur et on prie pour lui. S'il y a de l'énergie spirituelle, on sera garanti partout contre ses tentatives. S'il n'y en a pas, on est, hélas! toujours la proie de pareilles attaques. Du moins, y a-t-il de la droiture à nous avertir de ce qu'il désire faire. Que ce soit Dieu qui l'ait forcé à cela ou que ce soit de l'irritation, ce qui est certain, c'est que Dieu a voulu en avertir les frères.

M. M. nous reproche que dans les Iles Britanniques la direction des assemblées de la campagne soit presque toujours entre les mains de quelque petit ou grand propriétaire du voisinage[1]. C'est là ce que j'ignorais jusqu'ici; et cependant j'y ai été plus que lui. Cela pourrait très-facilement arriver. Je puis assurer mon lecteur que j'y ai pensé, et que je ne me rappelle pas un seul exemple de ce que M. M. dit avoir lieu presque toujours, sans pourtant en citer un seul cas; et, cependant, je connais passablement l'œuvre.

Pour ma part, je crois que les frères pourraient, ou, du moins, que la grâce de Dieu pourrait donner plus d'énergie à cette partie de l'œuvre. Elle exige de la patience, du renoncement à soi, une chair matée, la conscience qu'on agit avec Christ, et un désir ardent de sa gloire dans l'Eglise. Mais, en effet, c'est une œuvre qui porte sa récompense avec soi. C'est une joie, si c'est aussi une peine, que de veiller à ce que les âmes, chères au Seigneur, aillent bien devant lui. S'il n'y a pas cet amour et un sentiment de responsabilité, on ne fait que du mal en se mêlant de l'office.

J'aurais encore bien des remarques à présenter sur les raisonnements de M. M.; mais je n'irai pas dans plus de détails sur ce point.

[1] Page 98.

§.

Dire que Tite a été envoyé en Crète parce que les églises ne s'étaient pas encore créé des Evêques, c'est tordre la Parole en y ajoutant ses propres inventions. Si l'autorité n'était pas nécessaire pour régler les choses qui restaient à régler, et pour établir des Anciens, pourquoi ne pas écrire aux églises? Contester la nécessité de cette autorité, c'est donc se permettre un raisonnement ou une insinuation qui se détruisent d'eux-mêmes.

§.

Je n'ai jamais lu le traité de M. Vermont. Mais la seule chose qui, dans ce que M. M. en cite, m'ait frappé comme extraordinaire, c'est celle qu'il adopte lui-même, tout en plaignant « ces pauvres frères de Plymouth » d'avoir une telle idée, savoir, de se contenter de la séparation si l'on n'est pas d'accord. Il suffit de comparer l'expression de sa commisération, page 58, avec ce qu'il dit page 64. Mais je ne pense pas que le cher frère qui a écrit M. Vermont prétende rendre les frères responsables de ce qui s'y trouve.

§.

Je trouve que M. M. a raison de combattre M. Beverley quand il nie que le mot Diacre soit employé officiellement. La première épître à Timothée ne laisse, à ce qu'il me semble, aucun doute à cet égard. Mais il n'y aurait de profit pour personne à nous arrêter ici sur tous ces détails.

V.

Quant au « morcellement amical, » il faut que j'appelle l'attention sur quelques principes énoncés dans l'ouvrage qui nous occupe.

M. M. a pour système de reconnaître le morcellement de l'Eglise, et même de la subdiviser encore.

Je prie le lecteur de se souvenir que, selon M. M., l'unité de l'Esprit n'est qu'une communauté de sentiments qu'il met en contraste avec l'uniformité. La Parole de Dieu parle de l'unité du corps de Christ. L'Esprit pratique est appelé le lien de la paix. Cette vérité est mise de côté par M. M. Il y a bien pour lui une Eglise universelle; mais Abraham en est tout autant que nous; de sorte que cela n'a rien de commun avec nos devoirs actuels[1]. Il y a des églises; mais, en même temps, tout morcellement quelconque, pourvu qu'on s'en contente, possède tous les droits de l'Eglise universelle. Les fractions peuvent prendre les surnoms qui leur conviennent; cela ne change rien.

Ce système me paraît un système de péché, c'est-à-dire, me paraît sanctionner le péché avec connaissance de cause. La doctrine de la Parole est formellement mise de côté, et l'on peut, à l'égard de ces divisions,

[1] Page 9.

demeurer à souhait dans le péché, pourvu que ceux qui le commettent soient, en le commettant, aimables les uns envers les autres, et qu'on ne mette pas d'obstacles à ce que d'autres le commettent aussi. Sanctionnez-nous dans le péché, et nous vous laisserons libres de le commettre à votre gré. Le péché donc, selon M. M., ne consiste pas en ce qu'on agit contre la volonté de Dieu, mais en ce qu'on le fait dans un mauvais esprit, et en ce qu'on gêne les autres en le faisant. L'existence du mal étant une nécessité chez les hommes, il faut en prendre son parti. Ne pas s'en contenter n'est qu'un idéalisme généreux, mais fatal. S'opposer au péché engendre de mauvais rapports ; l'essentiel est d'être bien ensemble. La position est mauvaise, sans doute ; mais le cœur est bon. C'est là l'unité de l'Esprit. Enfin, il faut choisir le chemin qui exige le moins de foi.

Le lecteur jugera lui-même si j'ai exagéré les principes énoncés par M. M. Je les ai résumés et réunis pour qu'on en juge sainement ; mais le lecteur les retrouvera tous dans les extraits que je vais lui communiquer.

§.

Afin qu'on en puisse juger, je prends pour point de départ la vérité enseignée dans l'Epître aux Ephésiens : « Il y a un seul corps et un seul Esprit ; » — « nous sommes édifiés ensemble pour être le tabernacle de Dieu par l'Esprit ; » — et 1 Cor., XII : « par un seul Esprit, nous sommes tous baptisés[1] pour être un seul corps. »

[1] Il est bon que le lecteur fasse attention à ce mot « baptisés » en rapport avec cette question-ci : Qu'est-ce que l'Eglise ? Jean-Baptiste a dit : « Celui-là vous baptisera de Saint-Esprit et de feu. »

M. M. admet les faits. Il ignore, au moins je l'espère, le fond de la vérité.

Voici ce qu'il admet:

« Les chrétiens d'une localité donnée sont membres de l'église de cette localité en vertu de l'œuvre de Dieu, et non de leur propre volonté. »

« Tous les chrétiens donc, en chaque lieu de la terre où il y en a, sont membres de la même Eglise, qu'ils le sachent ou non; car la Bible ne reconnaît d'autre morcellement de l'Eglise universelle que celui des lieux et des temps; celui, enfin, qui rend impossible la communion des fidèles entre eux[1]. »

Je n'admets pas que la Parole de Dieu reconnaisse des membres d'une église locale. C'est une vérité que

Après sa résurrection, le Seigneur Jésus dit à ses disciples : « Vous » serez baptisés du Saint-Esprit dans peu de jours. » La Pentecôte a donc été ce baptême. C'est par ce moyen donc que nous avons été formés en corps. L'Eglise, son unité, son existence comme corps, tout cela est donc le résultat de la descente du Saint-Esprit ici-bas, du baptême du jour de la Pentecôte. C'est là l'unité, le corps, l'Eglise que la Parole reconnaît, et elle n'en reconnaît pas d'autre. Il est certain que l'ensemble en sera manifesté dans la journée de Christ; mais ce que la Parole de Dieu reconnaît pour le corps, l'unité, l'Eglise, c'est ce qui est formé là où est le Saint-Esprit, c'est-à-dire, sur la terre. Comme Dieu, le Saint-Esprit est partout. Par sa puissance divine, il gardera pour la gloire la poussière même des bienheureux (Rom. VIII, 11). Mais comme, tout en étant Dieu, le Fils est descendu ici-bas, et que, quant aux voies de Dieu, sa place était sur la terre, de même aussi le Saint-Esprit est descendu, et sa place est sur la terre. Il annonce ce qu'il a ouï. Il forme l'unité.

Une fois que, par la grâce de Dieu, on a saisi cette vérité par la foi, tout devient clair. Cette Eglise universelle, invisible, et des raisonnements tels que ceux de M. Monsell, tout cela a perdu toute force pour toujours.

[1] Page 19.

M. Rochat lui-même a reconnue. Nous sommes membres du corps de Christ, ce qui est une tout autre idée. Je me borne maintenant à le faire remarquer sans m'y arrêter davantage.

M. M. admet que *la Bible ne reconnaît d'autre morcellement que celui des lieux*[1]. Qu'il y ait des églises locales, c'est-à-dire des rassemblements de tous les chrétiens d'une localité, c'est une vérité que nous admettons tous. Je dis donc que, si M. M. en reconnaît d'autres, il le fait avec connaissance de cause.

Voici comment il énonce le principe des frères à ce sujet :

« La réunion de tous les chrétiens en une seule dénomination est l'unique moyen de manifester leur unité en Christ[2]. »

Le lecteur voit donc clairement que M. M. réduit ici soigneusement l'idée scripturaire de l'unité du corps de Christ à l'idée d'être réunis en une seule dénomination.

Tout ceci est très-grave.

Moi, je dirais :

Les chrétiens sont tenus de respecter cette vérité précieuse et capitale établie dans la Parole, savoir l'unité de l'Eglise qui est le corps de Christ. S'ils y manquent, ils pèchent.

Mais, pour le moment, contentons-nous de sa manière de l'exprimer.

M. M. nous fait plus loin la déclaration suivante :

[1] Il ajoute : *et des temps ;* mais nous n'avons pas à nous en occuper en ce moment, sinon pour inviter le lecteur à se souvenir des principes établis dans la dernière note.

[2] Page 28.

« La première chrétienté consistait en une seule dénomination [1]. »

Toujours ravaler la vérité! C'est la chrétienté. L'idée de l'Eglise est écartée, et avec elle la doctrine de la Parole de Dieu quant à l'Eglise. Mais, quels qu'en soient les termes, au moins avons-nous ici le franc aveu que les frères reconnaissent ce que la Parole enseigne. Il existait, au commencement, une seule dénomination. C'est là ce qui est scripturaire, et c'est ce que les frères recherchent. On reconnaît que cela n'existe plus. M. M. ajoute : « M. Darby s'écrie que l'unité, qui devait exis» ter afin que le monde crût, n'existe plus. » Et c'est ce que M. M. ne nie pas, car il dit [2] : « L'unité extérieure n'est plus. »

Voilà donc ce que j'appelle parler en connaissance de cause, et je dis : Puisqu'il en est ainsi, reconnaissons tout chrétien dans l'unité du corps dont il est membre ; mais ne reconnaissons pas le morcellement qui n'est pas selon la Parole, puisque, de votre aveu, la Bible ne reconnaît pas d'autre morcellement que celui des temps et des lieux. Ces morcellements, tels que nous les trouvons, sont un péché. Ils démontrent qu'on est charnel ; qu'on marche comme les hommes. C'est là le langage de la première épître aux Corinthiens.

Que répond à cela M. M.?

« La vérité descend du ciel dans un monde de ténèbres et de mensonge. L'idéalisme, aveugle instinct de ce qui doit être, ignore ces ténèbres. Un empirisme avilissant, qui ne voit que ce qui est, les accepte, ces ténèbres. Le Christianisme seul reconnaît la hideuse réalité pour la combattre [3]. »

[1] Page 29. — [2] Page 35. — [3] Page 30.

Laissant de côté l'idéalisme dont il nous accuse, et l'empirisme avilissant qui se contente des sectes telles quelles, examinons le juste-milieu proposé par l'auteur.

« Sachons que l'Eglise de Dieu ne pouvait demeurer sur la poussière de cette terre sans perdre sa beauté et son ordre primitifs [1]. » C'est-à-dire que, l'homme étant méchant et gâtant ce que Dieu a mis dans un état parfait entre ses mains, il faut en prendre son parti.

Souvenons-nous ici qu'il ne s'agit pas des ténèbres et du mensonge de l'état naturel de l'homme, d'une part, et d'un christianisme qui, de l'autre, les reconnaisse et les combatte; mais qu'il s'agit d'une chose que Dieu *a établie au milieu de ce mal*, et qu'il avait revêtue de la beauté de son Chef par la puissance de son Esprit; d'une chose dont l'unité devait être en témoignage au milieu du mal. Cette chose, c'est l'Eglise de Dieu. De l'aveu de M. M., elle a perdu « sa beauté et son ordre primitifs [2]. » Que faire? Sachons qu'elle ne pouvait demeurer sur la terre sans les perdre. Cela peut être vrai. L'homme, non plus, n'a pas pu demeurer sur la terre sans perdre son état primitif. Est-ce une raison de s'en trouver satisfait? Doit-il, quoique hors d'état d'en sortir, prendre son parti d'un état si triste? Or, je n'admets pas, quant à l'Eglise, qu'elle ne puisse sortir de son état de désunion, parce que le Saint-Esprit suffit pour produire l'unité qui est le but de sa présence; tandis que le but de sa présence en nous, individuellement, est de mater la chair, de la crucifier, et non pas de l'ôter.

[1] Page 31.

[2] M. M. dit aussi, page 29 : « Nous ne gagnons rien à nous dissimuler la vérité, cette soi-disant diversité est un état de désunion déplorable.

§.

Mais l'homme doit-il prendre son parti de son état, quel qu'il soit, de manière à y demeurer et à l'augmenter encore?

Voici la réponse de M. M.:

« Il faut distinguer ce qu'il peut y avoir de coupable dans nos cœurs, d'avec ce qu'il y a d'humiliant et d'affaiblissant dans notre position. Vouloir en finir tout d'un coup avec les dénominations, et placer le schisme dans le morcellement matériel, au lieu de le placer dans la séparation morale, *c'est se débattre contre les faits,*..... c'est se tromper de direction dans l'emploi de ses forces, et s'exposer à tomber dans le péché du schisme pendant qu'on lutte inutilement contre l'humiliation de la dispersion ecclésiastique [1]. »

Souvenons-nous que l'auteur nous a dit que la Bible ne reconnaît pas ce morcellement; mais, ajoute-t-il, il existe, et on lutte inutilement; c'est se débattre contre les faits.

Mais dois-je reconnaître ce morcellement et l'accepter, puisque la Bible ne le reconnaît pas? Oui, selon M. M., c'est un fait; c'est-à-dire, le péché est un fait contre lequel il ne faut pas se débattre. Et ce dont on accuse les frères, c'est de se débattre contre ce péché-là, de ne pas reconnaître ce que la Bible ne reconnaît pas. Selon M. M., le mal consiste dans l'aigreur que peut produire le témoignage rendu à la vérité méconnue; et le schisme, non dans le morcellement matériel, mais dans la séparation morale. Ainsi, acceptez le morcellement que la Parole ne reconnaît pas, et soyez d'accord

[1] Page 31.

avec les autres pour commettre ce péché, et tout ira bien.

C'est exagérer la pensée de M. M., s'écriera-t-on.

C'est ce que vous allez voir. Ecoutons-le :

« Je ne me cache pas, dit-il [1], qu'en disant qu'il faut accepter notre morcellement actuel, je m'engage implicitement à accepter de nouveaux morcellements...... » « Si donc vous êtes convaincus,.... faites-en l'essai ; formez dans ce but une assemblée distincte..... Cette liberté que vous refusez à tous, nous l'accordons à chacun. »

Dans ses accusations contre les frères, il dit [2] :

« Selon eux, tout fractionnement provenant du péché de schisme, d'un côté ou de l'autre, ils ne savent se diviser que pour se lancer des foudres ; et, pourtant, ils se divisent plus légèrement que ceux qui admettent un *morcellement amical !* » (Les italiques sont de M. M.)

M. M. ne citant pas un seul exemple du fait qu'il nous impute, je ne réponds pas à son accusation.

Je crois, en effet, que tout fractionnement provient du péché du schisme, si ce dont je me sépare est vraiment l'Eglise, ou est sur le pied de l'unité de l'Eglise, lors même qu'il n'y aurait qu'un petit nombre de personnes.

Mais M. M. admet le « morcellement amical ; » c'est-à-dire qu'il admet que les âmes soient à leur aise à ce sujet, et s'accordent pour rester dans une position que la Parole de Dieu ne reconnaît pas ; il admet cela, parce que, étant sur la terre, ce péché a dû naturellement s'introduire.

Je n'attaque pas les autres chrétiens ; je trouve que

[1] Page 41. — [2] Page 61.

c'est un mauvais système. Mais reconnaître, admettre, accepter ce que la Parole ne reconnaît pas, j'avoue que je n'en suis pas encore tout à fait là, et que je n'en suis pas non plus à dire que le péché extérieur n'est rien si le cœur n'y est pas.

§.

C'est aller trop loin, direz-vous, que de considérer cela ainsi.

Voici ce que je lis dans l'écrit de M. M.[1]:

« Les souvenirs de Babel sont devenus les organes du Saint-Esprit! »

C'est, en effet, un signe spécial et magnifique de la grâce de Dieu. Quelle application en fait M. M.?

« QU'IL EN SOIT ENCORE AINSI! L'Eglise ne peut pas refaire son histoire, et retrouver l'unité extérieure qui n'existe plus. Tous les efforts faits pour réunir les chrétiens, en commençant par l'extérieur, n'ont fait qu'accroître l'amertume des différences[2] qui existent, ou créer des sectes additionnelles. Nous ne pouvons nous soustraire à notre humiliation; mais, par la grâce de Dieu, nous pouvons éviter le péché qui s'y est associé. Ne soyons *qu'un cœur* et *qu'une âme;* peu importe alors que nous ne soyons plus une *dénomination unique* (c'est-à-dire ce que, du propre aveu de M. M., Dieu a établi, et ce que seul la Bible reconnaît). La grâce n'a pas besoin de renverser les murs de séparation qu'elle peut dominer. »

Cela ne veut pas dire: Ayez pour tout chrétien une

[1] Page 35.

[2] C'est là, à mon avis, une singulière raison pour établir un système qui n'existe encore nulle part.

charité fraternelle; et recevez-le à bras ouverts, langage auquel le cœur doit répondre pleinement. C'est dire qu'il faut demeurer en ce qui est contraire à la Parole de Dieu, dans le péché extérieur, et que la grâce, sans l'ôter, le dominera.

Et ce n'est pas l'idée que peu à peu ce morcellement cessera; principe faux, parce qu'on ne doit pas faire le mal afin que le bien arrive. Rien de plus dangereux pour la conscience, et de plus destructif de toute bénédiction, parce que cela met Dieu de côté.

La pensée de M. M. est d'accepter l'état que la Parole ne reconnaît pas, et d'y attendre la bénédiction.

« Aucune désunion, dit-il[1], ne saurait subsister devant Lui (le Saint-Esprit)..... Que les congrégations de différentes dénominations fidèles (car les chrétiens multitudinistes doivent toujours demeurer en dehors, voyez p. 36) soient unies dans leurs sympathies chrétiennes, autant que le sont les congrégations de la même dénomination; voilà l'unité de l'Esprit substituée à l'uniformité de l'homme. »

Et l'unité que Dieu avait établie, la seule que la Parole reconnaisse, cela aigrit d'en parler. Laissons-la. On ne peut la refaire sur cette terre. L'Eglise de Dieu a dû perdre sa beauté et son ordre primitifs !

N'est-ce pas là le sens exact des expressions de M. M.?

C'est un idéalisme après tout fatal, s'il n'est pas généreux; un idéalisme sans conscience, qui met de côté la Parole, et se soustrait à l'humiliation de la conviction du péché.

[1] Pages 35 et 36.

§.

Et quel est le raisonnement par lequel M. M. soutient ce principe?

Dieu, dans la plaine de Sinhar, a jugé l'unité perverse et rebelle dont l'homme naturel se servait pour s'élever contre Dieu, et pour se faire un nom, afin qu'il n'y eût pas de dispersion. La diversité des nations a été et demeure le résultat de ce jugement de Dieu. Par la présence de son Esprit sur la terre, Dieu a établi une unité précieuse. L'homme, par son péché, l'a détruite; le morcellement, les sectes ont remplacé cette unité. Mettons, selon M. M., le résultat du jugement de Dieu sur la même ligne que celui du péché de l'homme, et conservons-les tous les deux, comme étant également sa volonté. Car quelle est l'histoire dont parle M. M.? Par sa puissance, l'Eternel a confondu la folie de l'homme; et la diversité, la confusion des langues, qui lui ont valu le nom de Babel, rappellent le jugement de Dieu. Le Saint-Esprit trouve les hommes dans cet état. Longtemps une seule race a adoré l'Eternel, dont les louanges ne montaient vers Lui que dans une seule langue, louanges limitées même par la restriction de la bénédiction qui réunissait, autour d'un temple terrestre, un peuple auquel il n'était pas permis de pénétrer à travers le voile qui lui cachait son Dieu. Une rédemption parfaite et éternelle a été accomplie, et l'amour de Dieu se répand de tous les côtés, embrasse toutes les races, les appelle à adorer dans le sanctuaire céleste, où la gloire est manifestée dans la personne de Jésus à face découverte, où l'amour du Père ne se cache pas, où il attire et se révèle. Le Saint-Esprit descend pour en rendre témoignage. Il s'adresse à tous dans toutes les langues. La grâce s'adapte à l'homme, à son cœur tel qu'il est, en franchissant et en outre-passant les barrières des ordonnances légales. Beau spectacle, en effet! Témoignage touchant du cœur de notre Dieu! Témoignage qui parlait un langage qui disait tout à tous. Dans l'effet même de son jugement, Dieu trouve l'occasion de l'exercice de sa grâce. Mais Dieu ne s'en est pas tenu là. L'effet en est constaté dans sa Parole. Dans le sanctuaire de Dieu, en Christ, dans l'Eglise, il n'y a ni Juif, ni Gentil; ni esclave, ni libre; ni Scythe, ni Barbare. Tous sont un. La Providence n'a pas changé l'état extérieur de l'homme. Par la puissance du Saint-Esprit, la grâce a uni les rachetés dans un seul corps. L'Eglise sur la terre est le résultat en unité de la présence du Saint-Esprit, qui rassemble les rachetés. L'homme méchant et pervers a dispersé, par son égoïsme, ceux que Dieu avait rassemblés. En d'autres termes, le péché a fait de l'unité de Dieu ce que le jugement de Dieu a fait de l'unité de l'homme.

Et l'on a l'inconcevable hardiesse de rapprocher ces deux choses, et de dire, quant à l'effet du péché: « *Qu'il en soit encore ainsi!* » Que le péché demeure, afin que ses résultats deviennent les organes du Saint-Esprit! Et on en est venu là[1]!

[1] Et voyez ce en quoi tout cela se résume. M. M. renverse à coups de hache le nationalisme qui est un « guide à la fosse » (page 13). Selon lui, encore, l'église libre du canton de Vaud se rassemble « autour d'une sainte urne électorale » (page 126) L'église évangélique de Genève commet un attentat à l'ordre divin. Le système du ministre neuchâtelois, auteur de l'*Examen*, n'est pas tenable d'après la Parole. En outre, c'est lorsque la mort s'est emparée de l'Eglise, qu'est arrivée l'institution actuelle, c'est-à-dire que les Anciens ont accaparé le ministère. Puis, après avoir démontré que tout

« L'humanité, dit encore M. M. [1], s'est partagée en plusieurs nations, comme la chrétienté en plusieurs églises. Un même dessein, dessein providentiel, se fait sentir, je le crois, dans ce double morcellement ».... « Les communions évangéliques, malgré le scandale de leurs différences, présentent une chrétienté vivante, renfermée dans l'Eglise nominale, comme les races japhétiques offrent, au sein de l'humanité déchue, un type moins dégradé que les autres. »

Que Dieu me garde de cette philosophie dans les choses de Dieu, en vertu de laquelle on apprend à trouver dans la patience de notre Dieu, qui sait tirer le bien du mal, une justification de notre péché; phi-

est anti-scripturaire, on vient appeler les frères à se soumettre à un système qui met le péché de l'homme sur la même ligne que le jugement de Dieu, et qui veut que nous acceptions l'un comme nous nous soumettons à l'autre. M. M. fait table rase des autres systèmes; qu'ils réclament, s'ils le trouvent bon. Nous leur abandonnons volontiers tout ce débat. En attendant, nous n'acceptons certes pas la doctrine affreuse que l'auteur met à leur place. Le fait est que la seule chose que M. M. laisse debout, c'est le semi-rationalisme philosophique du journal *La Réformation*, qui nous enseigne que la Parole de Dieu ne fait pas loi, sauf à l'égard des vérités nécessaires au salut.

Nos adversaires se renversent mutuellement. Le journal *La Réformation* et M. M. renversent l'auteur anonyme de la brochure *Faut-il établir des Anciens?* et ses commandements. L'auteur anonyme, à son tour, accuse de désobéissance le système soutenu par *La Réformation*. Le ministre neuchâtelois et M. M. se détruisent mutuellement, et ainsi des autres, et cela précisément sur les points sur lesquels ils attaquent les frères. Je n'ai qu'un conseil à donner aux frères: c'est de laisser ces Messieurs débattre ces choses entre eux, et de se tenir tranquilles en bénissant Dieu de sa bonté qui leur donne la paix, et de rechercher de tout leur cœur Christ et sa présence.

[1] Pages 31 et 32.

losophie qui place les tristes fruits de notre péché, qui a gâté l'œuvre de Dieu dans sa beauté et dans son ordre, sur la même ligne que le jugement de Dieu, qui a confondu l'insolence et l'unité perverse de l'homme; qui rabaisse la grâce qui a surmonté les barrières que ce juste jugement avait élevées entre les hommes, et la met au niveau de la persévérance de l'homme dans le péché, péché qui subsiste dans les barrières et les divisions que l'homme a établies dans l'Eglise; philosophie qui rejette tout cela sur la Providence, et qui ajoute: « Qu'il en soit encore ainsi! » qui, si l'on ne veut pas accepter cet état de péché, appelle cela ne pas tenir compte de ce que Dieu a déjà fait; philosophie, enfin, qui dit que le péché ne consiste pas dans le fait qu'il y ait deux congrégations, mais dans la jalousie dont elles sont possédées; c'est-à-dire que le péché commis n'est rien, et qu'il faut regarder au cœur.

M. M. dira que tous les chrétiens de la même localité ne peuvent pas se rencontrer dans un lieu trop petit pour les recevoir tous. Forment-ils, dans ce cas, diverses dénominations? — Allons! soyons droits.

Voici le résumé de ces tristes pages.

« Les différences de dénominations subsisteront donc comme les différences de langues subsistent; mais la grâce divine pourra les rendre innocentes en redonnant à l'Eglise la conscience de son unité[1]. »

C'est dire que le jugement de Dieu et le péché sont une même chose, et que, en gardant toujours le péché, le péché sera rendu innocent par la grâce de Dieu.

Aussi, ne faut-il pas s'étonner qu'avec de tels principes, on livre des attaques aux frères. Et, certes, quels

[1] Page 33.

qu'aient été les principes de nos frères dissidents, je ne saurais leur attribuer de pareilles pensées. Et, lors même qu'il y aurait schisme en théorie, lors même qu'on n'admettrait personne que selon des vues étroites et que la charité en souffrirait, il faudrait chercher ce péché (le schisme) là où l'on cherche tous les autres, dans le cœur, non dans les théories. Il ne s'agit ni de support, ni de non-intervention. Il faut accepter et reconnaître le péché. « Dans l'état actuel des choses, tous les chrétiens appartiennent forcément à des sectes dans le sens ordinaire du mot [1]. »

§.

Pour M. M., l'état de la chrétienté en général est, « tout bien compté, au-dessous de celui des Juifs du temps du Seigneur. » Il est « prêt à appeler leur état ruine, apostasie ou de tel autre terme que vous puissiez choisir dans une langue quelconque [2]. » « Les Gentils n'ont point persévéré [3]. » « La chrétienté est une armée qui ne connaît plus la voix de son chef, et les dissidents, en soldats fidèles, ont quitté les rangs pour se mettre aux ordres de Jésus...... Sans doute, c'est une déplorable confusion...... Quand est-ce, s'écrie-t-il encore, que nous apprendrons tous la portée du désordre universel qui nous enveloppe [4]? » M. M. dit qu'on aurait tout aussi bien pu chercher le sacrifice dans le paradis que de chercher la dissidence dans les églises apostoliques; « car il y a du désordre dans la dissidence, désordre innocent, devenu inévitable pour éviter le désordre coupable; c'est un remède violent,

[1] Page 44. — [2] Page 47. — [3] Ibid. — [4] Page 53.

et tout remède sérieux est un mal factice infligé pour guérir une maladie encore plus grave [1]. »

Et à quoi aboutissent, quelques lignes plus loin, ces paroles si fortes, qui, comme un torrent débordé, renversent tout, et la dissidence elle-même? Le voici :

« Nous aimerions...... marcher sous nos drapeaux et entourer notre Chef; mais, si cela n'est plus possible, *périsse la lettre, pourvu que l'esprit demeure!* » — Les italiques sont de M. M.

Pour ma part, je crois que suivre le Seigneur Jésus n'empêche pas d'obéir à sa Parole; et que, bien au contraire, c'est la Parole qui nous dirige dans l'obéissance en la suivant de près.

§.

Quant à la comparaison que fait M. M. des rapports entre les églises avec ceux qui subsistaient entre les tribus d'Israël [2], ma réponse est courte et facile. C'est Dieu qui a divisé Israël en tribus, et c'est le péché qui a opéré le morcellement que M. M. appelle les églises, qui elles-mêmes s'appellent *dénominations*, mot que M. Beverley s'accorde avec tout le monde à traduire par sectes. Je ne les reconnais donc, ces églises, en aucune façon, par la raison qu'en donne M. M. lui-même, savoir, que *la Bible ne reconnaît pas d'autre morcellement* que celui des lieux et des temps. En conséquence, je n'ai pas d'autel pour les reconnaître. Mon autel est dressé, non en mémorial, mais pour la jouissance de ce que Dieu a établi, de l'unité de l'Eglise, jouissance que, dans sa grande grâce, le Seigneur a attachée à deux même ou à trois réunis en son nom.

[1] Pages 53 et 54. — [2] Pages 36 et 37.

8.

Dans les paroles suivantes, le système de cette brochure révèle, quant à la marche chrétienne, un relâchement de principes qui suffirait seul à le faire condamner : « Nous n'avons pas toujours le choix entre le mal positif et le bien positif; au contraire, bien souvent il peut être agréable au Seigneur que nous acceptions, à cause de nos relations avec autrui, le chemin qui n'est pas tout à fait le meilleur. Vous confondez à tout propos les questions morales et les questions de jugement; vous croyez que faire conscience de tout, c'est le moyen de faire toute chose avec conscience[1] ! »

Je crois que, la volonté de Dieu étant connue, et sur les points où elle est connue, il faut la suivre, et qu'il ne peut être question de choisir. Je crois que, si, à cause de nos relations avec autrui, on se dispensait de faire la volonté de Dieu, ce serait préférer l'homme à Dieu, ce serait un péché produit par la crainte de l'homme. Et, quoiqu'il soit très-important de se rappeler que nous sommes appelés à la liberté, la liberté que Jésus nous donne ne nous dispense pas de chercher en tout la volonté de Dieu; mais elle nous met en liberté pour la faire et en liberté en l'accomplissant, parce que nous aimons sa volonté ainsi que les choses qu'il veut, étant rendus participants de la nature divine, qui, dans l'homme, se fait connaître par l'obéissance, et par son affection pour les choses de l'Esprit, le Saint-Esprit lui-même étant la force qui lui donne la liberté en vertu de la rédemption accomplie de Jésus. « La loi de l'Es» prit de vie en Jésus-Christ m'a affranchi. »

[1] Page 40.

§.

Je ferai remarquer, en passant, que M. M. condamne dans les frères[1] ce qu'il cherche à justifier ici dans les autres, quant au devoir de chercher le profit spirituel. Il y a, d'ailleurs, une foule de ces choses que je n'ai pas voulu relever.

§.

Dans ce que M. M. dit, dans le désir de détourner les âmes de la marche de la foi, il fait paraître une légèreté excessivement affligeante, qui trahit la source de tout ce système. En voici un exemple : « S'il y eût eu un pont sur le Jourdain, ses eaux ne se seraient pas arrêtées pour laisser passer Israël à sec[2]. »

J'avoue qu'une telle manière de parler des voies admirables de notre Dieu, perfection de sagesse et de bonté, me repousse profondément. Je m'éloigne de principes et d'un système qui m'éloignent, il me semble, de Dieu, et qui ont leur source dans un esprit si éloigné de Lui ; car, près de Lui, il n'y a pas ce manque de respect pour ses voies. Je le déplore en quelqu'un que j'ai connu, comme j'ai connu M. Monsell.

[1] Page 59. — [2] Page 101.

VI.

Voici la triste racine de la marche et du système de M. M. :

« *Celui*, dit-il[1], *qui connaît la plaie de son cœur, prendra toujours le chemin où il faut le moins de foi*, c'est-à-dire, où il est le moins mis à l'épreuve. » — Les italiques sont encore de M. M.

Est-ce là la marche chrétienne?

Est-ce celui qui prendra le chemin « où il est le moins mis à l'épreuve, » qui suit le Seigneur Jésus?

Qu'on n'ose pas agir au-delà de sa foi, que le sentiment de notre faiblesse nous fasse chercher la grâce de Jésus par la foi, en nous défiant de nous-mêmes, cela se comprend. Mais établir un système et arranger sa marche[2] pour être aussi peu mis à l'épreuve que possible, c'est avouer, d'une manière un peu étonnante, l'intention de ne pas suivre Christ de près. C'est un chemin que la chair trouvera facilement. Toutefois, je doute qu'on y trouve son propre bonheur, et particu-

[1] Page 103.

[2] Le fait est que le chrétien ne choisit jamais son chemin. Il s'agit d'être fidèle dans le chemin que Dieu nous a tracé par sa volonté. Et, s'il s'agit du choix du cœur, certes, si Dieu nous en fait la grâce, le cœur chrétien accepterait comme une grâce le privilége de souffrir avec Jésus. (Phil. I, 29 et III, 10.)

lièrement si l'on est chrétien, ce que je ne doute pas que soit M. Monsell.

§.

Deux mots feront comprendre le but de M. M.

Le système qu'il croit biblique « n'est, dit-il[1], établi nulle part. » Il appartient « à l'Eglise de l'avenir[2]. » Cependant, il ne se fait pas d'illusions. « Notre Eglise de l'avenir, dit-il[3], ne fera point de miracles. Elle n'atteindra pas la perfection, ni ne régénèrera la portion du monde à sa portée ;... à sa fin, nous nous en vanterons encore moins qu'à son commencement. » Pour le présent, néanmoins, il s'appuie sur ce qui reste de l'ancienne dissidence. « Souvenez-vous, dit-il[4], que vous n'avez pas, comme nous pauvres dissidents, le droit, je ne dis pas de justifier, mais d'expliquer votre déchéance, » etc.

§.

Toutefois, l'ancienne dissidence ne lui va pas, quoiqu'il aime à se prévaloir de ses souvenirs.

« Il est constant, dit-il[5], qu'il y avait de l'étroitesse chez les dissidents de certaines localités. Peut-être exige-t-on trop encore la confession d'une foi assurée et consciente d'elle-même. » .... « Nous désirons ouvrir les bras à toute âme pour laquelle il y a bonne espérance. »

« Il y a quelques années que les dissidents auraient été raides et peu traitables. Aujourd'hui, nous sommes humiliés. *Nous ne tenons à rien* qu'à l'union des frères.

[1] Page 96. — [2] Page 135. — [3] Page 136. — [4] Page 100. — [5] Page 124.

Quant au nom malencontreux de dissidence, nous l'aimons aussi peu que vous-mêmes[1]. » M. M. s'adresse ici aux frères épars qui appartiennent à l'*Eglise de l'avenir,* dont le système admettra, par conséquent, « une sage élasticité de formes[2]. »

§.

Quant à l'église nationale, M. M. ne fait paraître aucune miséricorde. Elle est un « phare perfide[3], » un « *guide à la fosse*[4], » où « tout ce qu'il y a de plus sacré a été habilement disposé pour bercer le mondain dans une paix trompeuse et meurtrière. » Ses « membres acceptent la corruption de la chrétienté. »

§.

Quant à l'église libre, il y a espoir ; mais la discipline ! Une leçon lui suffira. Le système qu'ils ont imaginé pour se mettre d'accord quant à la discipline, est, au jugement de M. M., « un détour indigne de ces esprits éminents et de ces âmes droites » dont elle est composée. C'est « une atteinte inouïe au dogme ; » .... « une inconséquence odieuse et monstrueuse. » .... « La cène du Seigneur est laissée au-dehors pour être foulée aux pieds des Gentils ; *la sainte urne électorale* est le centre autour duquel ses membres s'assemblent[5] ! » .... « En fait d'interprétation, des théologiens au désespoir sont capables de tout.[6] » Toutefois, il y a espérance. « Ces chers frères se démènent en vain contre eux-mêmes ; leur système ecclésiastique se fondra devant

[1] Page 135. — [2] Page 136. — [3] Page 14. — [4] Page 13. — [5] Page 126. — [6] Page 128.

leurs sympathies chrétiennes[1]. » .... « Sans doute, l'église libre gardera son organisation distincte, et malheureusement elle gardera aussi son clergé[2]. » C'est « un attentat à l'ordre divin[3]. » Néanmoins, on sera content. L'église libre « porte deux enfants en son sein[4], » et l'un d'entre eux, « avec sa cène sans signification quant aux communiants, » cèdera le pas à l'autre. « La spontanéité est une jeune et aimable dissidence, trop enfant encore pour se rendre compte de son origine, et d'ailleurs se souciant peu de porter ce nom[5]. » Mais on lui tend la main. « Si une adhésion expresse et réfléchie suffit pour créer la famille chrétienne, les dissidents seront pleinement satisfaits. Nous pouvons déjà tendre la main à toute assemblée qui *désire* être une famille chrétienne. » Si le moyen actuel de faire une famille chrétienne ne réussit pas, l'église libre y ajoutera « le veto[6]. » Effectivement, l'église libre a des tendances et des nécessités dissidentes.

Je ne sais si les douces paroles, ainsi que les leçons un peu vertes de M. Monsell, gagneront l'église libre à ses avances. Je doute que, telle qu'elle est, elle ait un avenir. Mais il y a dans son sein de chers frères à qui les épreuves et les instructions de Dieu lui-même fraieront un chemin. Heureux sommes-nous d'avoir un avenir en Jésus, lorsque les difficultés du chemin seront finies. Je crois que les chrétiens de l'église libre n'ont pas commencé leur œuvre sur des fondements que Dieu et sa Parole aient posés; mais je les laisse avec joie individuellement entre les mains de Celui qui est toujours fidèle envers les siens, les aimant et les chérissant

[1] Page 128. — [2] Page 129. — [3] Page 144. — [4] Page 128. — [5] Page 126. — [6] Pages 125 et 126.

comme sa propre chair. Les hommes feront des systèmes. La grâce fera croître les âmes en Jésus. C'est Lui qui rapprochera les cœurs, et ce ne sont ni des constitutions ecclésiastiques, ni des transactions qui opèreront ce résultat.

§.

Quant aux « Plymouthistes, » M. M. leur fait subir le sort des nationaux. Il donne, en outre, des directions de détail pour semer la division parmi les troupeaux. On doit y demeurer si l'on a l'espoir de gagner l'ensemble ; mais, si les principes sont trop enracinés pour que l'on puisse nourrir l'espoir de les détruire, « c'est une lèpre rongeante en la maison. Sauvez-vous d'une telle congrégation comme vous vous arracheriez des étreintes d'un homme qui se noie[1] ! » .... « C'est un ennemi perfide[2]. » Enfin, si le lecteur en a le désir, il trouvera dans l'écrit de M. M.[3] des instructions assez habilement arrangées pour diviser les troupeaux, les dissoudre et en gagner les membres.

§

Pour moi, je n'ai qu'un conseil franc et sincère à donner à tous ceux à qui M. M. peut s'adresser. C'est que, si quelqu'un partage les sentiments de M. Monsell sur les principes en question, et sur les frères qui les ont embrassés, il fera bien, et ce ne sera que de la droiture et de la bonne foi, de s'en aller, en effet, au plus vite. Je ne puis conseiller à personne, pas même dans le but de gagner les autres, « le perpétuel côtoiement

[1] Page 132. — [2] Page 129. — [3] Pages 129 à 133.

du péché ; » car, en effet, les mauvaises communications corrompent les bonnes mœurs. Si vous voyez en nous « une lèpre rongeante », « un ennemi perfide ; » si vous croyez que nous vous ayons présenté des mets appétissants « parce qu'on ne donne jamais le poison seul[1], » non, n'en mangez pas. Mais ne faites pas semblant, en leur tendant la main fraternelle, de vous joindre à des frères, sans soupçon, tandis qu'en secret vous nourririez d'eux une opinion pareille.

[1] Page 130.

VII.

Un mot sur Plymouth, puisque M. M. revient à plusieurs reprises sur le « schisme de Plymouth, » quoique cela ait, pour le but dont il s'agit ici, une médiocre importance.

Les frères qui, à Plymouth, s'étaient dès l'origine voués à l'œuvre, ainsi que d'autres qui concouraient à la surveillance du troupeau, se réunissaient chaque semaine pour consulter ensemble sur tout ce qui concernait le bien-être de l'assemblée, la réception des membres, etc., et l'œuvre en général, en communiquant en détail au troupeau tout ce qui, en général, l'intéressait, et particulièrement tous les cas de discipline publique qui exigeaient quelque acte public de sa part. La cène était ouverte à tout chrétien. Les frères doués, de quelque endroit qu'ils fussent venus, participant là à la cène comme membres du corps de Christ, exerçaient comme tels librement leurs dons.

Il y a eu beaucoup de bénédiction. Il y a eu aussi des difficultés, auxquelles Dieu a pourvu dans sa grâce.

M. Newton, pour me servir de sa propre expression, a fait suer son âme pendant douze années, pour y introduire le système clérical. Il a réussi à disperser la petite réunion dont j'ai parlé. Il a empêché les frères d'autres endroits de venir; et, enfin, lorsque je me suis opposé à cela, il a déclaré, en présence d'une quinzaine de frères réunis à ce sujet, qu'il cherchait à faire de Plymouth un foyer, et à y produire, entre ceux qui s'y trouvaient, une union contre les vues des frères, ajoutant qu'il espérait avoir sous son influence, dans ce but, les assemblées des trois comtés voisins.

On comprendra que je ne fusse pas d'accord avec cela.

Satan a cherché à renverser les frères. Il y avait eu sans doute de la négligence, puisque cela s'était ainsi glissé au milieu d'eux. Mais, en dehors d'un petit cercle d'intimes, personne ne s'en était douté, jusqu'à ce que M. Newton se soit cru assez fort pour frapper le coup projeté. Dieu, cependant, dans sa grande grâce, a veillé sur son témoignage et sur ses pauvres enfants qui, sans doute, y avaient manqué. Il est possible que, dans le rude combat que j'ai eu à soutenir, j'aie manqué en différentes choses; mais, au fond, je n'ai rien sur ma conscience. J'ai demandé le rétablissement de la petite réunion dont j'ai parlé. Enfin, Dieu a tout mis au plus grand jour; et un système de mensonges, d'intrigues et d'aveuglement de Satan, dont je n'ai vu nulle part le pareil, a été pleinement manifesté. Les frères, en général, ayant montré de la fermeté à cet égard, Dieu a aussi béni cela; et on a découvert que M. Newton avait, depuis longtemps, enseigné en cachette, sur la personne de Christ, des doctrines qui renversaient tout l'Evangile; que depuis longtemps on les avait fait circuler, lui le sachant, par le moyen des sœurs qu'il avait gagnées, qui avaient des ordres précis de ne rien laisser voir à ceux qui auraient pu en juger, et qui avaient une liste des personnes auxquelles il était permis de confier les manuscrits qui renfermaient ces doctrines. Or,

M. Newton ayant énoncé ces doctrines dans une réunion de lecture, elles attirèrent l'attention d'un frère qui, tout en étant sous son influence, était néanmoins sain dans la foi. Il écrivit à ce sujet à M. N. Celui-ci lui répondit en justifiant sa doctrine, qu'il invitait ce frère à tenir cachée, parce que, disait-il, il y avait des saints qui n'étaient pas encore préparés à la recevoir.

Cette doctrine, la voici : C'est que Christ, né d'Adam, est son descendant de telle manière que l'expression « constitué pécheur » (Rom. V, 19) s'appliquait à Lui ; c'est-à-dire que, par sa descendance d'Adam, chef de la famille humaine, Christ était constitué pécheur et exposé à toutes les conséquences de l'état où il se trouvait ; qu'il a dû acquérir la vie par l'observation de la loi ; que, par sa fidélité, il s'est soustrait à cet état ; que, lors du baptême de Jean, il est sorti de dessous la loi pour se trouver sous la grâce ; qu'il a dû trouver son chemin jusqu'à un point où Dieu ait pu se rencontrer avec lui, et que c'était dans la mort, dans la mort de la croix ; que, par conséquent, Jésus a éprouvé les sentiments qu'un élu non-converti aurait dû éprouver, s'il avait convenablement senti sa position ; et que Jésus les a éprouvés non comme notre remplaçant, mais comme associé, par sa naissance, à l'homme et à Israël dans l'état respectif où ils se trouvaient.

Lorsque les amis mêmes, de M. N. lui eurent dit que, s'il ne rétractait pas une telle doctrine, ils cesseraient tout rapport avec lui, il a rétracté l'application qu'il avait faite au Seigneur Jésus de Rom. V, 19, mais en maintenant expressément tout le reste de la doctrine, jusqu'à aujourd'hui. Au moins, la maintenait-il encore lorsque, tout récemment, j'ai quitté l'Angleterre.

Grâce à Dieu, les frères ont été délivrés, et ces doctrines repoussées. Ceux de nos frères qui agissaient à Plymouth avec M. N., ont été entièrement désabusés, et délivrés par la grande grâce de Dieu. Ils ont confessé qu'ils avaient prêché un faux Christ; et ils l'ont fait d'une manière propre à leur donner droit à la pleine confiance des frères. Quelques personnes suivent encore M. N., et il a fait bâtir une chapelle pour leur usage, Mais, désespérant d'exercer une action sur les frères, il est allé chercher à gagner de l'influence au milieu des nationaux et des membres de l'église libre d'Ecosse, à Londres. On me dit qu'ils commencent aussi à être sur leurs gardes.

Les frères sont non-seulement délivrés, mais fortifiés; car, tout pénible qu'il a été, ce criblement leur a été salutaire. Et il était nécessaire, car il s'était glissé de la mondanité au milieu d'eux, et à Plymouth elle se promenait fièrement. Tous sentent qu'un poids dont on ne se rendait pas compte a été ôté. Le champ du travail s'étend plus que jamais; et je n'ai jamais trouvé autant de portes largement ouvertes et de bénédictions que pendant mon dernier séjour en Angleterre. Et (grâce merveilleuse de notre Dieu, qui m'a beaucoup frappé) jamais, pendant tout ce temps pénible, l'évangélisation de la part des frères fidèles n'a été arrêtée, ni jamais, je le crois, plus bénie.

Que tout ceci ait été très-humiliant, j'en conviens, et les frères le sentent; et j'espère que, par la grâce de Dieu, ils le sentiront comme je le sens pour moi-même. Mais Dieu a affermi la foi de beaucoup de frères; il les a éclairés et fortifiés dans leur marche; il en a rendu intelligents un grand nombre qui ne marchaient avec les frères que pour la bénédiction qu'ils trouvaient au milieu d'eux; il a fait ressortir des vérités importantes que l'on connaissait peu, et il a mis au grand jour les ruses de l'Ennemi, dont on ne se doutait pas.

Voilà, en peu de mots, l'histoire de ce qu'on appelle le schisme de Plymouth ; leçon pénible, mais bénie.

§.

Voilà ce à quoi, sans le savoir, je pense, mais par un effet de sa fausse position, M. M. a prêté la main.

Mon frère, car je vous crois tel, écoutez-moi. Vous savez que je vous aime.

Vous cherchez, et ce n'est pas la première fois, une sphère assez grande pour qu'elle vous convienne, et vous pensez que, si jamais la liberté du ministère doit être comprise et acceptée « sur une grande échelle, » ce ne sera pas par notre moyen [1]. Une grande sphère, la foi vous en aurait donné une ; car elle a devant elle toute la volonté de Dieu, champ vaste qu'a ouvert son amour. Il y a, il est vrai, un champ assez grand en apparence, ouvert à quiconque veut marcher dans le chemin qui exige le moins de foi ; mais il est trop fréquenté, ce chemin-là. Vous y rencontrerez trop de concurrents ; et, après tout, vous vous trouverez trompé. Mieux vaut, en reconnaissant sa faiblesse, ne faire autre chose que chercher la volonté de Dieu. On y est béni, même si l'on y est faible ; béni, même quand l'homme maudit. Je prie pour vous.

[1] Page 101.

VIII.

Il me reste à toucher quelques points qui se rattachent aux précédents.

§.

On trouvera que l'incrédulité au sujet de la présence du Saint-Esprit, incrédulité qui efface la vérité quant à l'Eglise, la détruit aussi quant à l'action de cet Esprit dans les dons et les grâces.

« Le ministère, dit M. M. [1], est de Dieu. »

Or, comment entend-il cela?

« Les capacités naturelles ou acquises, ajoute-t-il, vivifiées et sanctifiées par l'Esprit de vérité, *deviennent des grâces d'en haut*. »

Que Dieu, avant d'y mettre le don, prépare le vase en le douant de qualités naturelles ou acquises, c'est ce que je crois. Paul a été un vase d'élection, préparé de Dieu. Le Maître a donné aux gens de sa Maison, à chacun selon sa capacité. Mais dire que des capacités naturelles ou acquises deviennent des grâces d'en haut, ce n'est que du rationalisme raffiné pour faire un ministère exclusif.

[1] Page 78.

§.

M. M. exprime, sur la présence du Saint-Esprit lui-même, des choses qui témoignent du désir d'affaiblir la foi en cette présence. Quant à la formule qu'il nous attribue [1], je ne l'ai jamais entendue. Mais dire, ainsi qu'il le fait, que le Saint-Esprit « lui-même demeure *avec* l'ami de Jésus », c'est trahir, quant à la présence du Saint-Esprit, une incrédulité grave dont la suite du passage ne fait que multiplier les preuves. « Il demeurera « avec vous, a dit le Seigneur, et il sera EN vous. » Pourquoi omettre la moitié de la déclaration du Seigneur? Et qui est-ce qui demeure avec nous et qui est en nous? N'est-ce pas le Consolateur envoyé du Père? C'est, je pense, le Saint-Esprit en personne. C'est pourquoi il dit aux Corinthiens: « Ne savez-vous pas que » votre corps est *le temple* du Saint-Esprit qui est en » vous? » (1 Cor. VI, 19.) Il est bien une personne, je le pense. Que signifie donc: « une présence *réelle*, mais non une présence personnelle [2]? »

Et cette incrédulité se trahit d'une manière encore plus grave dans ce que M. M. dit quelques lignes plus loin: « Les cent vingt langues de feu.... n'avaient pas ensemble.... la valeur de la colombe que Jean vit descendre sur le Fils bien-aimé. » Ces cent vingt langues de feu, étaient-elles donc bien le Saint-Esprit lui-même?

Et avec quoi cette assertion se lie-t-elle?

« En Jésus seul habite toute plénitude : « toute la » plénitude de la Divinité habite en Lui corporelle- » ment. » Les cent vingt langues de feu.... n'avaient » pas la valeur de la colombe, » etc.

[1] Page 109.— [2] Ibid.

M. M. pense-t-il que ce sceau divin, posé sur Jésus homme, « oint de Saint-Esprit et de puissance, » lorsqu'il a pris place avec les siens et commencé sa carrière publique, soit la même chose que la « plénitude qui demeure en Lui corporellement? » Est-ce quand le Saint-Esprit est descendu sur Lui que la plénitude de sa divinité *a commencé?*

Et, si ce n'est pas là ce que cela signifie, quelle liaison y a-t-il entre ces choses? Est-ce la présence personnelle du Saint-Esprit en Jésus qui constituait en Lui la plénitude de la Divinité? Sinon, le contraste que M. M. établit sur ce point entre Lui et ses disciples n'a aucune valeur.

Jésus homme a été scellé de Dieu le Père ; mais *il était* Dieu manifesté en chair, ce qui est une tout autre chose. Il y a une différence dans la manière de la présence de Dieu. Christ était Dieu incarné. Le Saint-Esprit, même en le considérant comme Dieu, ne fait que demeurer en nous. Il ne devient pas homme de manière à unir l'humanité à sa personne. Et, si nous reconnaissons le Saint-Esprit comme une personne et comme Dieu, que signifient ces paroles : « les cent vingt langues de feu n'avaient pas la valeur de la colombe? »

Que la manifestation du Saint-Esprit en Christ, « qui n'a pas élevé sa voix dans les rues, » ait été différente de la manifestation du Saint-Esprit dans les disciples, qui devaient proclamer du haut des toits ce qu'il leur disait à l'oreille, voilà ce qui est vrai. Christ était davantage l'objet, les disciples étaient davantage les messagers de la foi qui condamne le monde qui a rejeté Jésus. Mais parler de la valeur comparative du Saint-Esprit en Jésus et en ses disciples, c'est premièrement confondre la personne de Jésus avec le sceau du Saint-Esprit; puis, c'est confondre le Saint-Esprit avec les manifestations de sa présence.

C'est le Consolateur, le Saint-Esprit lui-même qui est descendu le jour de Pentecôte, et c'est sa présence qui a fait dire à Pierre : « Vous avez menti *à Dieu.* »

Si l'on compare *les effets* de la présence du Saint-Esprit comme témoignage, c'est alors le contraire qui est vrai. « Celui qui croit, dit Jésus, fera de plus grandes choses que moi, parce que je m'en vais à mon Père. » (Jean XIV, 12.)

Dire que Jésus valait plus que les disciples, c'est un non-sens. On ne peut comparer Dieu et ses créatures, ni le Fils de Dieu avec les siens, quelque bénis qu'ils soient. Cela est évident. Comparer le Saint-Esprit manifesté d'une manière avec le Saint-Esprit manifesté d'une autre, c'est de l'incrédulité quant à sa divine personne.

Je ne dis pas (et j'espère bien aussi que cela n'est pas) que M. M. ait abandonné l'orthodoxie. Mais la page de sa brochure qui vient de nous occuper trahit certainement un rationalisme très-grave, fruit de la philosophie. Elle trahit une incrédulité pratique qui suffit pour rendre compte de l'ensemble de cet écrit, et qui se montre au lecteur attentif à bien des reprises. Ainsi encore dans ces paroles[1] : « Quand l'Apôtre dit que les enfants de Dieu sont conduits par son Esprit (Rom. VIII, 14), cela a trait uniquement à la foi et à la sainteté dans les affections et dans la vie. » L'influence du Saint-Esprit se manifeste sans doute dans ces choses; mais ce qui est présent à la pensée de l'Apôtre, c'est non l'influence

[1] Page 108.

de l'Esprit seulement, mais l'Esprit lui-même; ce qui est présent à l'esprit de M. M., c'est un état d'âme. Au v. 16 du même chapitre, l'Apôtre dit : « C'est ce même Esprit, » ou « l'Esprit lui-même. » Et encore : « l'Esprit soulage; » « l'Esprit intercède; » « l'Esprit habite en nous. »

Que les Irvingiens aient dit qu'il y a plusieurs Emmanuels, c'est ce dont je n'ai jamais entendu les accuser; et j'en doute fort, quelque trompés qu'ils aient été par l'Ennemi. Quoi qu'il en soit, nous n'avons pas à nous occuper d'eux. Mais je prie mes frères d'être bien sur leurs gardes contre l'incrédulité rationaliste, dont la brochure que nous examinons fait preuve, au sujet de la présence du Saint-Esprit, et contre les efforts qui ont pour objet de remplacer une présence personnelle du Saint-Esprit *en* nous par une présence réelle *avec* nous. Tout ce que cette page renferme me paraît extrêmement grave, et me met plus en peine à l'égard de M. M. que presque tout le reste de sa brochure. Je ne sais où il a appris ces choses; mais j'y reconnais, dans les expressions, dans l'emploi de la Parole, dans la manière de la citer, aussi bien que dans la doctrine, des marques si évidentes d'une œuvre de l'Ennemi, œuvre que j'ai vue ailleurs, que j'avoue que cela m'effraie excessivement. Croit-il que la présence personnelle du Saint-Esprit n'ait eu lieu que lors de sa descente sur Jésus? Et, comme nous l'avons déjà demandé, est-ce à cela qu'il applique cette expression : « plénitude de la Divinité? »

Tout en reconnaissant que c'était le Saint-Esprit en personne qui est descendu sur Jésus, il est certain qu'en thèse générale, la Parole de Dieu fait considérer la venue personnelle du Saint-Esprit, le Consolateur, comme un résultat de l'ascension de Jésus ; que c'est alors que le Saint-Esprit a été personnellement envoyé d'en haut comme cet autre Consolateur qui devait demeurer éternellement avec nous. Avant cela, la chose distinctive, c'était la présence du Fils, sans pouvoir séparer de lui le Père (Jean XIV, 10) et le Saint-Esprit (Matth. XII, 28), ainsi que plusieurs passages le démontrent. Ce qui distingue le temps actuel, depuis la Pentecôte, c'est la présence du Saint-Esprit, dont on ne peut séparer le Père et le Fils (Jean XIV, 23).

Est-ce donc ainsi que M. M. a appris à ne voir qu'une « plénitude *dans le témoignage* du Saint-Esprit au cœur chrétien, qui est inconnue dans l'économie passée [1]? » Est-ce tout? Le Consolateur n'a-t-il pas été envoyé d'en haut après l'ascension de Jésus? N'est-il pas dit (Jean VII, 39) que « le Saint-Esprit n'était pas encore [donné], » parce que Jésus n'était pas encore glorifié? » On ne croit nullement que les fidèles de l'ancienne économie fussent, ainsi qu'il nous impute de le dire, « étrangers à l'œuvre du Saint-Esprit » ou à la vie divine; mais on croit que le Consolateur n'était pas encore donné, ainsi qu'il l'a été lorsque l'œuvre de Jésus a été accomplie. La Parole de Dieu ne le dit-elle pas?

§.

Une remarque au sujet du retour du Seigneur.

M. M. dit à ce sujet [2] : « C'était apparemment l'attente de Saint-Paul lorsqu'il écrivit la première de ses épîtres ; mais, vers la fin de sa vie, il faisait son compte de mourir. »

[1] Page 108. — [2] Page 102.

Les pensées de Paul étaient-elles changées comme s'il avait eu tort au commencement? Nullement. Il parle de l'attente de l'Eglise qu'il partageait, et il en parle en disant : « nous. » A la fin, il comptait sur un martyre immédiat. Il allait être mis « maintenant » pour l'aspersion du sacrifice. Cela ne changeait rien à la doctrine, ni à l'attente de la foi.

Un juste-milieu dans la foi est l'incrédulité dans le cœur.

§.

Il y a une affligeante indifférence de la Parole de Dieu comme guide. En parlant du choix et de la nomination des Anciens, voici comment M. M. accommode la chose [1] : « Les frères qui avaient fait l'un auraient pu, au besoin, faire aussi l'autre. » Est-ce ainsi que l'on dispose de la Parole selon son gré?

§.

Quant à la doctrine de la culpabilité, ce que M. M. en dit [2] revient à ceci, savoir, que la doctrine, qui enseigne que tous les hommes sont sous la culpabilité sous laquelle Adam se trouvait, est une erreur; c'est-à-dire qu'il est, à cet égard, ce qu'on appelle un Arminien. La chose importante, c'est la légèreté avec laquelle il traite, en docteur, l'orthodoxie traditionnelle comme une erreur. Ce qu'il dit sur Rom. V, 14, que les enfants d'Adam sont « loin d'être censés avoir commis son péché à lui, » n'a aucun rapport avec la question; parce que, dit ce passage, c'est qu'ils n'ont

[1] Page 91. — [2] Page 48.

pas *de fait* commis ce péché-là; mais il ne dit rien de leur état de culpabilité aux yeux de Dieu; mais Rom. V, 19, dit positivement que, par le péché d'Adam, ils ont été constitués pécheurs. M. M. critique, à cette occasion, une citation que j'ai faite d'Amos, V, 26, dans le traité sur *L'Etat de L'Eglise*. L'Esprit de Dieu y dit que, coupables comme faisant partie du tout, de la nation, et coupables de son péché tout entier, les Israélites en porteraient la peine dans une captivité au delà de Babylone. Or, il faut ne pas perdre de vue que dans cet endroit du traité *L'Etat de l'Eglise*, il était question non des conséquences éternelles du péché, mais du gouvernement de Dieu à l'égard d'Israël. Ce gouvernement de Dieu traitant les Israélites comme coupables, je pense donc qu'il les envisageait comme tels. Josué et Caleb n'ont rien de commun avec ceci, parce qu'il ne s'agit nullement des fidèles qui en route souffrent des conséquences du péché d'autrui comme partageant le sort du peuple; ce dont il s'agit, c'est des incrédules qui, ratifiant le péché et l'incrédulité de leurs pères, en portent la peine à la suite d'actes pareils à ceux de leurs pères, ou pires encore.

§.

Je ne relèverai pas, pour y répondre, une prédiction fort ridicule que fait M. M.[1] sur ce qui va arriver aux frères. Je n'y touche que pour expliquer un principe qui s'y rattache.

Il est dit dans *Le Témoignage* :

« Quand la corruption a gagné une chose que Dieu

[1] Page 52.

avait faite pour la bénédiction, il la rejette; ou il la remplace en introduisant autre chose. »

M. M. parle de cette « autre chose » comme si nous en faisions ce « qui doit remplacer les églises chrétiennes *dans la lutte contre le mal.* »

Où a-t-il trouvé cela? Tout le monde sait que, ce que les frères croient, c'est que tout le système qui existe est en chute, et qu'il sera mis de côté; premièrement moralement, par sa propre apostasie; puis, par le jugement de Dieu, qui remplacera, par la présence de Jésus lui-même, le témoignage qu'on n'avait pas su lui rendre. Qu'il y ait, dans la suite, un témoignage parmi les Juifs, c'est ce que je crois. Mais il n'est pas nécessaire que j'entre ici dans ces détails. Je désire seulement empêcher que le ridicule ne soit jeté sur une vérité importante, par la manière fausse dont on l'a représentée.

www.ingramcontent.com/pod-product-compliance
Lightning Source LLC
LaVergne TN
LVHW061944220826
846091LV00011B/4077

* 9 7 8 1 2 4 9 4 8 9 1 7 7 *